Colección dirigida por
Gilles Farcet

Abundancia o Miseria

LEE LOZOWICK

ABUNDANCIA O MISERIA

ENSEÑANZAS SOBRE
LA MENTE Y LAS EMOCIONES

HARA PRESS

Título original: *Feast or Famine, Teachings on Mind and Emotions*

© 2008 Lee Lozowick

© 2010 Hara Press USA, LLC para la lengua española
Actualización 2021

Todos los derechos reservados

www.harapress.com

Traducción: Margarita Carrasco
Supervisión de la traducción: Jocelyn Del Río
Revisión editorial: Chantal Durand y Lorena Durand
Foto de cubierta: Laura Sánchez
Diseño de cubierta: Rafael Soria

ISBN: 978-0-9777899-9-3 (0-9777899-9-3)
Library of Congress Control Number 2010929603

Colección: Espiritualidad de hoy

Hara Press agradece la valiosa colaboración de Claudia Espino, Jose
Garcia-Monge, Patricia Meade y Georgina Quintana.

A Yogui Ramsuratkumar,

sin El cual el autor de este libro se encontraría perdido
en un laberinto, desamparado e ignorante, ni más ni menos que
alguien amarrado irremediablemente por la ilusión,
atado al poste del egocentrismo,
una masa horrible de turbulencia y dolor.
Oh Señor, Yogui Ramsuratkumar,
Tú lee es todavía todas estas cosas,
pero quizás en un grado menor,
gracias a Tus Bendiciones.

Nuestras mentes no confían en el Trabajo.
Debemos conducir nuestras mentes hacia una alineación
para que, momento tras momento, digamos *sí*.
Ya hemos dicho el gran *Sí* o de otro modo
no nos encontraríamos aquí, pero entonces tenemos que
decir *sí* a cada momento... cada día... cada semana.

Lee Lozowick

Contenido

Prefacio

¿Mente? ¿Emociones? ¡Qué desastre! Hola. Mi nombre, en la realidad tridimensional básica a la que nos suscribimos la mayoría de nosotros, es lee lozowick. Escribí este libro, o más bien lo hablé, y mi fabuloso editor lo integró en una forma comprensible y, aun así, no tengo ni la menor idea de lo que he hablado y ni siquiera de lo que estoy diciendo ahora mismo en este Prefacio. ¿Hablo en serio? Sí y no. ¿Es ésta una respuesta seria a tan importante pregunta? Sí y no. ¿Qué significa eso? Te acabo de decir que no tengo ni la menor idea. ¿Hacia dónde nos conduce esto? Buena pregunta y, verdaderamente, creo que alcanzarás un escalón más alto en la respuesta leyendo este libro. Por tanto... ¡adelante!, el tiempo se desperdicia, y como mi madre solía decir: "Podría explotar", así que ¡adelante!

lee lozowick
Prescott, Arizona
15 de enero de 2008

Introducción de la editora

Lee Lozowick, cuyas consideraciones acerca de la mente y las emociones se presentan aquí, ha sido mi maestro espiritual, mi gurú, durante casi veinticinco años. Siento el más hondo respeto hacia él y una profunda gratitud por el privilegio que tengo de compartir su compañía. Por su gran compasión hacia mí y por la amplia variedad de medios sumamente eficaces que posee, que he podido comprobar de primera mano en incontables circunstancias, no titubeo en admitir que él ha sido y es un maestro duro. No sólo por su intransigencia en el trato con el ego en todas sus formas, desde la arrogancia hasta la ingenuidad, sino también porque con frecuencia es, de modo exasperante, no-lineal en su estilo de enseñanza. El buscador o estudiante que se acerca a beber de este pozo, primero, tendrá que desenredar los nudos de las cuerdas que mantienen asegurado el cubo para sacar el agua. Por ejemplo, al transcribir las enseñanzas verbales de una de sus charlas públicas, la conversación con una persona se leerá por momentos como el guion de un espectáculo cómico. A menudo, sus historias se extienden por páginas y páginas, sazonadas con referencias a sus héroes (desde Bob Dylan y R. D. Laing, hasta Charles Bukowski), con observaciones casuales acerca de una ex novia que tuvo en el séptimo grado, seguidas de narraciones extensas y tiernas sobre sus encuentros con su amado maestro, Yogui Ramsuratkumar, el santo-pordiosero de Tiruvannamalai, en el sur de la India, quien falleció en 2001.

Encontrar la "instrucción básica"[1] sobre cómo trabajar con la mente –expresión utilizada en el budismo para describir una clave particular sobre la práctica dada a un alumno que ya esté preparado para ello– no resulta ser una tarea sencilla para el que trabaja cerca de Lee. Uno se gana esta "instrucción básica" de parte de este

---

1.En el texto original el autor utiliza la expresión *"pointing out instruction"* [N. del T.].

maestro mediante una paciencia extrema, que mejor podría llamarse *aguante*. Él no *imparte* las enseñanzas sobre la mente, a pesar de que las prácticas que recomienda son muchas y de múltiples niveles, tal como este libro lo irá esbozando. Más bien, él *es* la enseñanza sobre la mente, razón por la cual resulta todo un acertijo para aquellos que no están preparados. Sus enseñanzas nunca son sermones elaborados. Más bien, él facilita a sus oyentes (y, en este caso, a sus lectores) una ventana hacia su propia mente. Su camino para llegar al centro de alguna cuestión es, a menudo, indirecto; habla dando rodeos al asunto, algunas veces durante mucho tiempo. Nos conduce a numerosos viajes paralelos en el pasado o el futuro. Nos lleva a la risa, incluso a veces escandalosa. Olvidamos por completo cuál era el punto inicial, cuando de repente lo vemos emerger detrás de la broma sorprendiéndonos con una gema del *dharma*, cerrando así el tema y dejando a sus oyentes sin aliento. En los meandros de sus discursos percibimos las maquinaciones de la mente, de nuestra propia mente. Lo escuchamos confesar sus distracciones y fascinaciones, su arrogancia y curiosidad, así como su amor por el chisme "espiritual"; y en el siguiente aliento escuchamos su declaración de confianza, de dependencia y entrega absoluta a la bendición de su maestro, Yogui Ramsuratkumar.

Por supuesto, es imposible para quien no ha atravesado el nudo de la mente juzgar o, incluso, entender por completo el estado de consciencia del otro. Veo y juzgo todo con los ojos y la mente nublados por proyecciones y expectativas. Dicho esto, resulta obvio que no puedo conocer la mente de mi propio maestro espiritual, ni apreciar enteramente sus enseñanzas sobre este tema ni hacer ninguna declaración definitiva acerca de sus intenciones o su experiencia interior. No obstante, puedo señalar numerosos ejemplos que posiblemente indiquen una relación con la mente que resulta completamente distinta a la mía y a la de casi todo el mundo.

La observación resulta fundamental

Las enseñanzas más fuertes de Lee Lozowick sobre la mente y las emociones no están contenidas en las páginas de un libro. Más bien, se encuentran en la forma en la que él vive su vida. Observarle -lo cual puede incluir el observar su elección del lenguaje o escucharlo en persona- es la manera de recibir y comprender sus enseñanzas.

Observar lo que *hace* y lo que *no hace*, así como darse cuenta de los resultados de estos *haceres* y *no haceres*, es quizás el acercamiento más poderoso para aprender y absorber la efectividad de esta vía. Debido a que los lectores de este libro tal vez no tengan la oportunidad de observar a Lee en persona, describiré algunos ejemplos.

Lee Lozowick crea constantemente a su alrededor circunstancias que exigen un alto precio de energía física y emocional, así como de atención por parte de sus estudiantes y devotos. Al diseñar estas circunstancias, crea también las condiciones de una fábrica de fricción: una especie de trabajo de grupo que empuja a uno hasta los límites del aguante emocional, al mismo tiempo que le exige un control de la mente y una intención para colocar a los demás ante uno mismo. De pronto, Lee funda un grupo de rock and roll y sugiere que lleguen a ser "más grandes que los Beatles" (lo cual no sucedió). En otro momento del camino forma un conjunto de blues y pide que se le invite a los festivales más importantes de Europa (lo cual sí ocurrió). Cada año realiza un peregrinaje a la India con, a veces, hasta cincuenta compañeros de viaje, incluido a menudo un grupo de niños y bebés. Con frecuencia, solicita que los proyectos concebidos hoy se logren ayer, y que las representaciones que normalmente requieren años de ensayos se lleven a cabo con poca o ninguna preparación. Parece que la espontaneidad es su virtud favorita.

Lee no sólo habla de los callejones sin salida implícitos en el pensamiento convencional. Está constantemente *trabajando* con la mente convencional, creadora de barreras, del grupo que en ese momento se encuentre más cercano a él. Desafía a cada oportunidad el pensamiento grupal, el poder hipnótico de los medios de comunicación y la pesadez mental de las personas "maduras", invitando a individuos y grupos a lograr tareas que sus mentes racionales nunca les permitirían emprender por sí mismas. Por ejemplo, le pide a una mujer que tome un arpa de blues y que esté lista para tocarla en público en el plazo de una semana. A otra, que recurre a él frustrada por su empleo actual y que desea dejarlo, le recomienda pintar "mal arte" y venderlo muy caro. No le importa que ninguna de estas dos mujeres tenga o no experiencia en estos campos (para sorpresa de todos, las dos se enfrentaron al No inicial de sus mentes y superaron las expectativas de todos; ¡incluso las de Lee!).

Una observación atenta —entre líneas— de los diarios publicados de Lee constituye otra vía para obtener sus enseñanzas sobre la mente y las emociones. Durante los últimos treinta y cinco años de trabajo, Lee ha divulgado de vez en cuando sus diarios personales, que han sido publicados de manera privada para uso de sus alumnos. Cada publicación cubre un periodo de varios meses, con uno y, ocasionalmente, dos o tres textos realizados en un día. Por razones propias, y para nuestra propia edificación, los escritos de Lee se hacen diario, independientemente de las circunstancias de su vida. Puede que esté de gira con su banda o volando a Europa o la India, o demorado hasta casi medianoche con otros deberes y, aun así, se las arregla para escribir a diario, aunque a veces comience a las 11:55 de la noche o algunos minutos más tarde. En estas publicaciones confiesa que no se aferra a ninguna regla de edición. Lee pone a nuestra disposición estas páginas tal como fueron escritas inicialmente, sin importar si su gramática o su ortografía están correctas o no, o que diga lo que piensa de una manera por completo satisfactoria para él.

Como editora, frustrada fácilmente por la estructura imperfecta de una oración, y como devota y alumna que lucha contra las maquinaciones de la mente, así como contra la inconsistencia y la falta de disciplina, estas publicaciones constituyen un frío trozo de realidad aventado en mi plato para la cena. Lo que siempre me ha llamado a gritos desde las páginas de estas publicaciones es el aparente desinterés de Lee por los caminos tortuosos de su propia mente. "Tortuosos" es, por supuesto, una palabra mía. Sigo sufriendo de obsesiones mentales. Aparentemente, Lee no; o, si lo hace, no da crédito a dichas obsesiones cuando habla de ellas. Aquí yace la enseñanza: no se encuentra en ninguna técnica sugerida, principalmente, sino en el testimonio vivo de que uno no debe tomar en serio su propia mente, ni tiene que escuchar sus objeciones y ni debe sentirse mal sólo porque se distrajo o, incluso, porque se obsesionó con algo.

Leer el contexto de Lee, más que enfocarme en su contenido, me confronta a una relación con la mente que corrige la mía. Sus diarios no tratan acerca de la enseñanza, en especial en lo que respecta a la mente. Más bien, tal como él lo ha admitido con sus propias palabras, estas publicaciones son la enseñanza, un koan con el que he luchado personalmente por años, como editora que soy.

En el ámbito de su música, que ha escrito y tocado durante casi veinte años, uno descubre que sus ritmos y letras fácilmente rodean nuestro pensamiento y generan rápidamente nuevos estados de ánimo en principio inaccesibles, o sofocan aquellos estados de ánimo que nos habían pesado durante días. Los que asisten a sus conciertos cuentan que son conquistados por el entusiasmo salvaje de sus ejecuciones, o quedan conmovidos hasta las lágrimas por los lamentos propios del blues. Ésta es una enseñanza que cautiva al cuerpo, que conduce a los participantes a lugares más allá de la mente, a la manera de todo gran arte.

Cuando uno observa a Lee empacando una caja de objetos frágiles, acomodando una mesa llena de estatuillas de bronce antiguas, estructurando un típico seminario sin tiempos para el descanso, dando una charla que parece brotar directamente de la consciencia, o contestando su correspondencia escribiendo en los espacios libres de los anuncios publicitarios de las revistas, el observador inquisitivo encontrará con frecuencia en las actividades más sencillas de Lee las respuestas a las preguntas "¿qué es la mente?" y "¿qué son las emociones?". El mismo Lee lo expuso de esta manera cuando le hice preguntas al inicio de este proyecto: "La mente no crea más que ilusiones y fantasías y las emociones son una mierda. ¿Okay?".

Trabajar con este libro

"¿Cuál es la naturaleza de la mente?", le preguntó un alumno a Lee durante una de las charlas incluidas en este libro. "Es una pregunta demasiado difícil", le contestó Lee riendo, "¿Algo más?". A continuación procedió a zambullirse con gusto en el tema. Sus comentarios, en esta ocasión y a lo largo de todas sus charlas, están llenos de su distintivo y refrescante humor, lo cual sirve como recordatorio constante de que hay que relajarse. "¡Sí, relájate!", señala Lee una y otra vez conforme va rompiendo el aferramiento mortal de nuestra necesidad de saber. ¡Relájate!, es quizá la instrucción más vital que existe para trabajar con la mente y, ciertamente, para trabajar con este libro.

El volumen que tienes en tus manos, si lo lees cuidadosamente, satisfará tu necesidad de conocimiento; y, entre líneas, como en los diarios de Lee, darás con la enseñanza no-lineal, una demostración del dominio sobre la mente y las emociones. Descubrirás la comprensión que tiene Lee de su propia mente, basada en una aguda autoobservación; encontrarás claves que indican un ejercicio de atención notablemente disciplinado; podría impresionarte la creatividad de una mente no encajonada por el convencionalismo y podrías ser llevado, por un momento o dos y sin razón aparente, más allá de tu propia mente. Lo mejor de todo: podrías vislumbrar, como yo misma hice al estudiar estas transcripciones, que la actitud de Lee hacia la mente está basada en su entrega a Dios. Como él mismo reconoce, particularmente en las poesías que ha escrito a Yogui Ramsuratkumar durante décadas (las cuales son el tema del *Epílogo*), Lee ha ofrecido, desde hace mucho tiempo, su mente, su corazón, su cuerpo, su discurso -todo- a su maestro. La mente, dice ahora, no es "la mente" tal cual la conocemos. La mente es ahora Mente, una forma inseparable del conocimiento y del ser de lo Divino. Dicho esto, una advertencia es necesaria.

El intento de separar las enseñanzas de Lee sobre la mente de sus enseñanzas sobre las emociones, o de sus enseñanzas acerca de la fe y la devoción o de cualquier otra cosa, sería un ejercicio frustrado. La enseñanza es una; la práctica es holística. No podemos trabajar las emociones sin trabajar la mente. No podemos investigar la naturaleza de la mente sin enfrentarnos a las emociones.

Tampoco es posible aislar la teoría de la práctica, debido a que las enseñanzas de Lee, tal como están contenidas aquí, a menudo se dieron como respuestas a preguntas -necesidades inmediatas- de estudiantes o participantes en sus seminarios. Rara vez Lee ofrece una consideración puramente teórica sobre algo. Teorizar, supongo, sería una pérdida de su tiempo. A menos que el estudiante cuente con un antecedente o experiencia que le permita aplicar la teoría, Lee estaría hablándole al vacío. La eficacia de sus recursos es, en general, demasiado aguda para ello.

Debido a que los temas abordados en este libro se dirigieron a individuos, podría parecer que existen muchas maneras de acercarse a la misma cuestión, incluso, algunas contradictorias. Un examen más cuidadoso, sin embargo, revelará algo más. En cuanto a manejar una emoción fuerte, por ejemplo, Lee podría sugerirle a una persona "quedarse con lo que surja", mientras que a otra le sugiere "hacer algo diferente, como mover el cuerpo". De hecho, sus consideraciones no resultan contradictorias; tan sólo reflejan las necesidades de los diferentes tipos de individuos en diferentes momentos de la espiral de su práctica.

Por tanto, el libro está estructurado sin excesivo rigor. A pesar de que un capítulo o sección se titula *Auto-observación*, dicho tema está también presente en casi todos los demás capítulos. Otro capítulo se llama *Cómo manejar la atención*, pero debido a que esta práctica se integra a todo lo demás, las recomendaciones para trabajar con la atención se encontrarán a lo largo de todo el libro.

Por consiguiente, el lector queda advertido de no intentar sintetizar esta enseñanza en una secuencia precisa. La enseñanza de Lee resulta circular, no directa y holística. Con frecuencia está basada en "eslóganes", es decir que sus comentarios están a menudo enlazados con frases prácticas vueltas a enseñar como, por ejemplo, "Una mente que no lleva a conclusiones" o "Ser aquello en lo que nada pueda echar raíz" o "Sólo esto" o "Cállate, ¡joder!". Como editora de Lee, y en la forma en la que he agrupado los ensayos, las preguntas y los fragmentos aquí compilados, he intentado sobreponer cierto desarrollo general de la enseñanza. El libro comienza con la definición de Lee sobre la mente, expuesta en grandes pinceladas, y termina con una apasionada incitación a la vigilancia de cara al actual terrorismo perpetrado por los medios de comunicación.

A lo largo del libro, cada encabezado designa un aspecto de la enseñanza que, a menudo, contiene uno o más principios valiosos. Una enseñanza dada por Lee en 1979, con frecuencia, es seguida por una enseñanza similar dada en 2007, y viceversa. Una de las grandes sorpresas que me llevé a través del proceso editorial de este libro fue darme cuenta de cuán consistente ha sido esta enseñanza desde el principio hasta el día de hoy. Por tanto, no resulta necesario leer este libro en orden, aunque podría ser útil hacerlo así. Cada ensayo, cada sección, ofrece una posibilidad para el estudio y la reflexión que no necesariamente depende de lo que aparece antes o de lo que sigue. Y todo está conectado.

En algunos casos he quitado algunas secciones de una charla para incorporarlas a otra, con el fin de ofrecer claridad adicional o ejemplos más amplios. En general, sin embargo, la mayor parte del material contenido bajo un encabezado fue dado en un mismo tiempo.

Nota personal

No tengo la menor duda de que el proyecto de este libro se me dio debido a que, en verdad, lo necesitaba mucho. Después de convivir cerca de veinte años con mi maestro, todavía me preguntaba, algunas veces a diario, si sus enseñanzas sobre la mente estaban "funcionando" para mí. He leído ampliamente sobre el sufismo, el budismo y el misticismo cristiano. Cada vez que escuchaba una variante de alguna técnica de meditación o auto-observación, trataba de imaginar qué tan clara, centrada y consciente sería yo si tan sólo esta práctica fuera lograda enteramente en mí. Los reinos infernales interiores, creados por la insatisfacción, por la comparación, por la necesidad de tener la práctica "más perfecta" y al maestro "más iluminado", y quererlo todo de inmediato, no fueron a menudo interpretados por lo que en realidad eran, es decir, obsesiones de mi propia mente; el resultado de toda una vida de perfeccionismo neurótico. En cambio, estos mismos estados de angustia se tomaron a menudo por signos de que algo faltaba en la enseñanza o en el maestro, mientras que los estados mismos permanecieron básicamente sin examinar. Trabajar con las enseñanzas contenidas en este libro ha aclarado muchas dimensiones de mi propio infierno personal.

Ahora veo que uno puede vagar por las faldas de la montaña durante años, recogiendo muestras interesantes de flora y fauna, retardando así el fijar la mirada en el camino marcado hacia la cima de la montaña. Es posible recolectar así docenas de técnicas de práctica mental y meditación. Este libro ofrecerá muchas más. Sin embargo, hasta que uno identifique el esquema que nos retrasa y decida detener al vagabundeo y, en realidad, comience a usar una o varias metodologías o técnicas, y las aplique en *toda* circunstancia, por años si es necesario, uno carece realmente de fundamentos para determinar sus méritos. Ojalá pueda este libro inspirar una decisión de tal naturaleza en sus lectores.

Ser aprendiz de Lee Lozowick en el campo de la devoción y servicio ha sido, y continúa siendo, un lento proceso de quemar las capas de dilación, ingenuidad, miedo y confusión. Transformar dichos estados reactivos en compasión genuina constituye una descripción apropiada de la madurez espiritual. Parece que a muchos de nosotros nos lleva *mucho* tiempo crecer, algunas veces, un tiempo muy largo. Por el compromiso sostenido de Lee Lozowick de ofrecer y de presenciar este proceso en sus alumnos, estoy muy, muy agradecida.

PARTE I

LA MENTE

Capítulo 1

Domesticar y entrenar la mente

¿Qué es la mente?

Cada vez que alguien me pide una definición de la mente, generalmente, contesto que se trata de una pregunta demasiado difícil para mí y añado: "¿Tienes alguna otra más fácil?". Porque, ya sabes, la mente no es sólo la cosa que piensa. Es más que eso. Algunas veces utilizo las palabras "mente" y "ego" indistintamente, pero, en realidad, son cosas diferentes. Y si alguien me pide mi definición de ego, mi respuesta será la misma: "No sé".

Para los fines de esta exposición, podríamos decir que "mente" (de acuerdo con el uso que le doy a esta palabra) significa aquel aspecto de la consciencia que se cree a sí misma independiente y exclusiva; y que, basándose en esa creencia, construye toda la ilusión de separación e identificación.

El problema con la vida no es la vida en sí. No es el hecho de que exista el dolor, la guerra, el crimen, la agresión y la violencia. Todo lo existente fluye entre dos polos: hay agresión, violencia, crueldad y demás, y también hay belleza, dicha, deleite, majestuosidad, grandeza y nobleza. El problema es que identificamos algunas cosas específicas como si esas cosas específicas fuesen *lo que somos*: "Yo estoy enfadado", "Yo tengo miedo", "Yo soy un buen artista". Todo lo anterior representa una identificación, porque todas esas cosas surgen y se manifiestan, pero ninguna de ellas constituye lo que somos esencialmente. Así que la mente es la cualidad o característica del ser que en realidad crea y mantiene esta ilusión de identificación. Ésta no es una definición del todo satisfactoria para mí, pero es un comienzo.

Tenemos mente. Tenemos emociones. Hay leyes bajo las cuales éstas funcionan. Y es extremadamente importante dirigir, de manera apropiada, tanto la mente como las emociones. Si nuestras mentes y emociones se desbocan y nos controlan, en lugar de que nosotros las controlemos, entonces queda claro que cualquier intento de práctica efectiva, más allá de cierto nivel mínimo de madurez, resulta severamente obstaculizado.

La falta de disposición para lidiar con la mente (que podríamos llamar "psicología" o "personalidad") interfiere con la práctica y, en mayor medida, con el éxito profesional. Este libro representa un intento de contextualizar la mente y las emociones, de transmitir de manera enérgica la necesidad, bajo cualquier situación, de establecer el contexto en el cual nosotros somos los amos, no ellas.

¿Dónde comenzar?

Podemos comenzar sólo desde donde nos encontramos. Si donde estamos es donde la mente es completamente salvaje, entonces intentaremos entrenarla. Si la mente es un "caballo salvaje", según una expresión empleada en el budismo, o un "mono loco", como se dice en el yoga, no podremos entrenarla hasta que no esté domada.

Una película reciente, titulada *Flicka*, trataba de un hombre, un ranchero dedicado a la cría de caballos, y de su hija, quien seguía los mismos pasos que su padre. Un día ella ve un hermoso potro, un mustang, y lo captura con su padre. La hija quiere entrenarlo, pero el padre no está de acuerdo: había entrenado caballos toda su vida, desde que era un niño, y le dice que no puede entrenar al *mustang*: porqué "Son completamente salvajes". Y le dice que no debería hacer nada con el caballo.

Pero, como era de esperar, ¡ella entrena al mustang! Por la noche, va al establo con un terrón de azúcar en las manos. Se para a cierta distancia del potro y le muestra el azúcar. "Muy bien, si vamos a ser amigos, entonces tendremos que llegar a entendernos –dice la chica. Si quieres el azúcar, tendrás que venir a buscarlo. Yo no me acercaré a ti."

El potro se acerca, tentativamente al principio, pero después toma el azúcar. Y es así como debemos domesticar la mente.[1]

El entrenamiento implica responsabilidad. Si no tenemos la habi-lidad para retroalimentar[2] aquello en lo que estamos siendo entrena-dos, entonces el entrenamiento resultará fallido. Si la mente no está domada, obviamente todavía podrás entrenarla, pero obtendrás resul-tados azarosos: cuando la mente "tenga ganas de hacerlo", entonces obtendrás buenos resultados respecto al entrenamiento, pero cuando la mente "no tenga ganas de hacerlo", debido a que no está domada, parecerá que no ha pasado por ningún entrenamiento.

Empieza a domesticar a la mente a través de la auto-observación, la meditación y concentrándote en los *koans*, como el que dice: "La mente que no saca conclusiones".[3] Puede que ya hayas leído o escuchado esta frase. Pero, cuando comiences a observar la mente, descubrirás que siempre saca conclusiones. Por tanto, te preguntarás: "¿Qué significa tener una mente que no saca conclusiones?", "¿Cómo logro eso?".

La tecnología de la doma

En realidad no es necesario tener una tecnología para domar a la mente debido a que la mente esencialmente se maneja a sí misma, se doma a sí misma. Lo que necesitamos es una instrucción para convencer a la mente de que lo va a pasar mejor siendo domesticada que siendo salvaje.[4]

La manera en la que convencemos a la mente de que está mejor domesticada que salvaje consiste en confrontarla con lo que sabemos que es la sabiduría. Así que, ya sea que provenga de las escrituras budistas, hindúes o de los padres cristianos del desierto, existe una enorme cantidad de sabiduría relacionada tanto con la domestica-ción como con el entrenamiento de la mente. Sigue trabajando en esto y fortalece tu intención. Es la intención que construimos lo que da a la mente la voluntad de domarse a sí misma. Podríamos decir

---

1. El maestro tibetano Chögyam Trungpa Rimpoché utilizaba la frase: "Adopta una actitud amigable hacia tus pensamientos". En este mismo contexto, Lee sugiere que nos acerquemos a nuestra mente salvaje de mustang con gentileza, antes que asumir una postura rígida de control.
2. "Retroalimentar" lo que se nos ha dado, significa que somos capaces de articular lo que esta-mos recibiendo y de practicar lo que nos ha sido dado.
3. "La mente que no saca conclusiones" es una expresión o lema que Lee utiliza con sus alumnos. Sintetiza una manera de trabajar con la mente. Lee se refiere a ella como a un *koan*, lo que signi-fica que la frase necesita rumiarse, contemplarse, hasta que manifieste su verdad.
4. Lee está afirmando que dentro de su enseñanza no existe una práctica formal de "entrenamiento de la mente".

"una voluntad de ser domada", pero en realidad es la mente la que recobra la calma y deja de ser indisciplinada y nos dice: "Muy bien, ahora entréname", porque la mente se convence de que le conviene más ser domesticada que salvaje.

Síntomas de mente no entrenada, de emociones no entrenadas

Hablar demasiado es un claro síntoma de falta de dominio sobre la mente. Hablar mucho, en cualquier circunstancia, como por ejemplo, en la mesa durante una cena, soltando disparates cuando en realidad uno no tiene nada que decir. Vemos esto en exceso. Los vendedores inseguros, aun cuando son muy buenos en lo que hacen, con frecuencia muestran la tendencia a no quedar satisfechos aunque alguien responda "Sí, me lo llevo". El vendedor puede seguir hablando y, a menudo, me he decidido a no llevarme algo que ya había decidido comprar ya que el vendedor seguía intentando vendérmelo. Este tipo de palabrería es una pérdida de tiempo y energía.

La falta de dominio de las emociones se muestra en cualquier tipo de abuso o agresión innecesaria como, por ejemplo, hablarle agresivamente en un restaurante al camarero que, accidentalmente nos ha traído la carne casi cruda... o muy cocida... o sin la suficiente salsa... o con la salsa demasiado líquida... ¡o con salsa Alfredo cuando pedimos salsa roja!

Puede que hayas visto a alguien bajarse del coche, darse cuenta de que trae una llanta estropeada y, después, empezar a patear el neumático con todas sus fuerzas. Cualquier expresión innecesaria de agresividad hacia otros o hacia objetos, indica una falta de dominio de las emociones. Cualquier reacción que dure más allá de una cantidad razonable de tiempo –menos de un minuto, digamos– constituye otra indicación del mal manejo de las emociones.

¿Por qué entrenar la mente?

Sin duda, la influencia omnipresente de la bendición de Yogui Ramsuratkumar[5] organiza el mundo para nosotros. Sencillamente nos encontramos en el lugar justo en el momento justo, sin pensar

---

5. Yogui Ramsuratkumar (1918-2001), conocido como el Ahijado de Tiruvannamalai, de la India, fue un santo-pordiosero que vivió bajo el credo "Sólo Dios". Es el maestro espiritual de Lee y la esencia dinámica alrededor de la cual está construida la enseñanza de éste. Cuando nuestras vidas están confiadas a Dios, por medio del gurú, dice aquí Lee, todo lo que se despliega en ellas constituye una expresión de la voluntad divina.

en ello y sin tener indicaciones claras. Nuestra realidad se organiza de tal manera que ciertas cosas nos son dadas como posibilidades. Entrenamos la mente para ser capaces de aprovechar todas las oportunidades de bendiciones que vienen a nosotros bajo una forma reconocible.

Una vez que tengamos una cierta posibilidad, entonces el entrenamiento de la mente resultará útil, particularmente si queremos ser músico, actor o actriz, empresario, asesor corporativo o una persona que imparta seminarios. Cuanto más entrenada esté la mente, más exitosos seremos, en términos ordinarios. Si deseamos aprender a tocar un instrumento musical y la mente es completamente salvaje, será necesario contar con un maestro, un mentor o alguna estructura en la cual apoyarnos. Sin embargo, si la mente está domesticada y altamente entrenada, entonces es posible que seamos capaces de aprender a tocar un instrumento solos y, quizá, recurrir a un maestro particularmente diestro para afinar ciertos puntos y ciertas cosas esenciales que serán más fáciles de obtener de un músico consumado que por cuenta propia.

El guitarrista de uno de nuestros grupos musicales es autodidacta. Su padre odiaba que él tocara la guitarra, porque tenía la idea de que los músicos eran perdedores, que nunca ganaban dinero. El hijo se veía obligado a esconder su guitarra debajo de la cama o en la casa de un amigo para poder tocar. Si deseamos algo con todo el corazón, como este hombre deseaba su música, a menudo podemos forzar a la mente a entrar en una situación de domesticación y entrenamiento. Pero si no, resultará útil tener un entrenamiento.

Entrenamos nuestra mente para que cuando tengamos una oportunidad, en lugar de ser ingenuos, seamos capaces de percibir qué es lo que ocurre en el mundo que nos rodea. Por ejemplo, si necesitamos tener un puesto fijo, haremos lo necesario para lograrlo y proteger nuestro trabajo. Eso es lo que hace la mente entrenada, en lugar de decir: "¡Ah!, bueno, he estado trabajando aquí durante diez años, todos me quieren, no hay problema". Es un gran problema cuando la universidad está en crisis y necesita dinero, porque no te da ninguna beca ni a ti ni a otras personas que carecen de un título académico que adorne su nombre.

Una de mis alumnas tenía que obtener un Ph.D., un doctorado, para ascender como maestra en el instituto en el que enseñaba. Pensó regresar a la universidad para realizar toda la maldita operación. Pero le dije que era ridículo. Entonces descubrió un lugar de estudios por correspondencia, con un programa certificado de doctorado. Acudió a dicho lugar, quizás un par de veces al año, para hacer un examen oral y el resto lo hizo por computadora. Una vez que obtuvo su doctorado la suerte le sonrió, por supuesto. Por tanto, una mente entrenada percibirá lo que se necesita y hará lo necesario.

La persona común –con una mente sin domar– no sabe evaluar las cosas. Él o ella tiene instinto de rebaño. Cuando todos los leminos[6] se tiran al precipicio, este tipo de persona dice: "Debe haber algo bueno en esa dirección, por eso todo el mundo va hacia allá". Entonces se unen al montón. Se trata del fenómeno de rebaño, no piensan: "Ésta es una situación valiosa y aprovechable".

La doma y el entrenamiento de la mente se relacionan, en esencia, con un libro que salió a la luz en la década de los setenta del siglo pasado, llamado *Qué hacer mientras viene el Mesías*. En última instancia, la domesticación y el entrenamiento de la mente se desvanecen y son "eclipsados" por el intenso resplandor de la gracia de Yogui Ramsuratkumar. Pero, mientras tanto, para optimizar las oportunidades de practicar y de servir de la manera más eficiente posible al Buda, al *dharma* y a la *sangha*,[7] se necesita una mente entrenada. Por ejemplo, si el publicista de nuestra editorial quiere seguir vendiendo libros, y el promotor de nuestras bandas quiere apartar fechas para conciertos, necesitarán una mente entrenada. Una mente no entrenada y sin domar podría tener suerte de vez en cuando, pero lo que da la experiencia de saber cómo lidiar con los agentes de conciertos o con personas que compran libros, es el hecho de que la mente esté lo suficientemente entrenada como para tener experiencia y ser capaz de aprovecharla.

Una mente entrenada resulta útil para ser capaz de manejar la tremenda volatilidad del mundo en el que vivimos estos días. Estoy seguro de que cualquiera de ustedes que haya viajado recientemente ha visto en los aeropuertos la escena siguiente: todo el mundo llega preparado para una larga espera en el área de seguridad, pero si se agrega la más mínima tensión extra, habrá alguien de la fila que aca-

---

6. Leminos, también llamados *lemmings*, son unos roedores que se reproducen con gran rapidez. Existe el mito de que los leminos se suicidan en masa como parte de un mecanismo de autorregulación de la naturaleza [N. del T.].

7. El Buda, el *dharma* y la *sangha* constituyen las "Tres Joyas" de la cosmología budista. El *dharma* es la ley o enseñanza y la *sangha* es el grupo de practicantes que trabajan juntos en el camino.

bará volviéndose loco. ¿Y han visto la reacción del personal de seguridad en el momento en el que alguien comienza a ponerse agresivo? Le tienen pavor; están vencidos por el miedo de que alguien les vaya a disparar o a explotar una bomba en sus narices. Cuando alguien comienza a ponerse nervioso, la persona de seguridad generalmente entra en pánico total. Su voz se duplica en decibelios y, de manera instantánea, empieza a amenazar: "¡Es la ley, es la ley! Usted no puede...". Tienen los pelos de punta y se ponen muy tensos.

Vivimos en un mundo volátil y conviene tener una mente entrenada para que, cuando te enojes por algo, tengas el suficiente juicio para saber que si expresas dicho enojo podrías meterte en problemas. Podrías perder tu vuelo; podrían llevarte "al cuartito" e interrogarte, sin pensárselo. Acabarán dejándote ir porque finalmente eres inocente de todo... ¡excepto de tener una mente no entrenada y no domada! Pero primero te van a mantener ahí durante un par de horas y te van a joder, porque te metiste con uno de los empleados y ellos son muy solidarios entre sí.

La práctica desgasta la mente

Lidiar con la mente y las emociones, se resume todo en la práctica. En la más ordinaria de las circunstancias, deseas tener una mente entrenada para poder navegar en tu mundo y poder así optimizar el uso de recursos y energía, a fin de conservarlos para tu práctica. Entrenamos la mente para ser más consistentes y confiables en la práctica; y entrenamos la mente para optimizar la energía y los recursos que tenemos para practicar.

Una de las cosas hacia las que apunta la práctica radica en establecernos en un estado de consciencia en el cual, aunque la mente y las emociones sigan surgiendo, serán distribuidas de la manera más provechosa, cualquiera que sea la circunstancia particular más inmediata. Sin embargo, generalmente, no vivimos en esa condición.

Mientras el XVI Karmapa[8] estaba agonizando, miró a sus preocupados discípulos y dijo: "No pasa nada". Si viviéramos en ese estado de consciencia, entonces, como el Karmapa, en nuestro lecho de muerte, cuando nuestros discípulos o familiares estén volviéndose locos con sus mentes y emociones, podríamos darles un consejo, que es que "No pasa nada". Podríamos darles algo que pudieran aprove-

---

8. Rangjung Rigpe Dorje (1924-1981): el Karmapa es el director espiritual de la tradición Karma Kagyu del budismo tibetano.

char relacionado con su experiencia y con su fe en quiénes somos como practicante avanzado, padre o madre, amante, o como maestro, santo o sabio, Karmapa.

Lo que los discípulos del Karmapa podían hacer era pensar: "¿Cómo pudo decir 'No pasa nada', cuando estaba muriendo?". ¡Buena pregunta! Tal vez ésa sea la razón por la que dijo eso, para aportarles ese tipo de fricción. Si eran discípulos serios, resolverían el *koan* "No pasa nada". Al hacerlo, contextualizarían completamente la mente y las emociones, las cuales obviamente no dominaban de ninguna manera, ni en el aspecto ni en la forma, la consciencia del Karmapa cuando estaba en su lecho de muerte.

La práctica desgasta la mente. Recordar desgasta la mente. Cada vez que recuerdes practicar la respiración del corazón,[9] cada vez que recuerdes trabajar con tu *mala*,[10] que recuerdes recitar los cantos, que recuerdes investigar,[11] estás desgastando la mente.

La mente es una máquina de olvido cuando se trata de la práctica. Tan sólo recordar constituye una práctica tremendamente efectiva; por esta razón decimos: "Pon atención y Recuerda".[12] Existe Recordar con R mayúscula y recordar con r minúscula. La práctica se refiere a ambos niveles.

Si no practicas, no tendrás éxito con el yoga. Uno de los elementos primarios del yoga consiste en llegar a un punto donde la mente no nos domine.

La práctica desgasta el ego. Y mientras nuestro ego no esté alineado con la práctica, básicamente, tú y yo (me refiero al gurú) estaremos librando una lucha acerca de quién va a servir a quién aquí. En última instancia. Cuando a la maestra sufí Irina Tweedie se le preguntó: "Si usted fuera con su gurú ahora, ¿qué haría de manera distinta sabiendo lo que sabe hoy?". A lo que ella simplemente contestó: "Diría que Sí, de inmediato". Tenía más de ochenta años y sabía que pronto moriría.

Uno de mis alumnos murió recientemente y cuando me pregunta-

---

9. La respiración del corazón es una práctica específica que Lee da a sus discípulos. Es un método en el que uno trabaja voluntariamente para transformar el sufrimiento de la creación.

10. *Mala*: collar de cuentas que los budistas utilizan para repetir oraciones, mantras.

11. "Investigar" se refiere a una práctica que Lee da a sus alumnos en la cual uno se pregunta: "¿A quién le estoy tomando el pelo?", en relación con el surgimiento de cualquier pensamiento o emoción.

12. "Pon atención y Recuerda" es otra consigna para entrenar la mente, utilizada por Lee con sus alumnos. Obviamente, en su comprensión inicial, es también un *koan* con el que hay que trabajar.

ban por él yo respondía que había tenido una buena muerte. ¿Sabes por qué decía que él había tenido una buena muerte? Porque se apoyaba desesperadamente en Yogui Ramsuratkumar; no se apoyaba en sus hijos ni en sus ex esposas. Se sostenía en Yogui Ramsuratkumar ante todo.

Dios bendiga a este hombre, porque es una cosa jodidamente difícil de hacer, agarrarse de los pies de Yogui Ramsuratkumar hasta el final. Normalmente, ya sabes, uno lo hace hasta que el asunto se pone muy mal. Y cuando se pone muy mal... ¡ya está!... se tira a Yogui Ramsuratkumar por la ventana. Y entonces llamas a gritos a tu mamá, a tus hijos y a esa chica del grado doce[13] con la que pudiste haber dormido y no lo hiciste. ¡Todo vuelve!

Pero mi alumno se apoyó en Yogui Ramsuratkumar hasta el final. Ésa fue una buena muerte. ¡La mejor!

Nos confrontamos a una mente que no se rinde. Una mente que demandará que todo por lo que ha venido le sea dado. Una mente que se colocará en el santuario, se deificará a ella misma y demandará para sí todo lo que hemos encontrado en el camino y que queríamos ofrecer a Dios. Eso es lo que exigirá cada una de nuestras mentes. Y si no nos confrontamos con eso, si no lidiamos con eso, ahora... no querrás estar como Irina Tweedie en su lecho de muerte: "¿Qué hubiera querido hacer de manera diferente?", "Hubiera querido decir Sí de inmediato". Debes decir que sí antes, por lo que no tendrá importancia que hayas dicho sí de inmediato o no. Debes decir sí ahora, para que cuando llegue el momento de estar en tu lecho de muerte y alguien te pregunte: "¿Qué lamentas?", no tengas que decir: "Mi despreciable falta de práctica... mi resistencia al gurú".

¿Quién sabe lo que podrías lamentar? Creo que para mí sería regresar con la chica de secundaria. Sin embargo, por fortuna, el primer edicto para mis alumnos es: "Hagan lo que digo, no lo que hago". Tal vez ésa sea la razón por la que Gurdjieff no permitió que nadie lo viera cuando estaba muriendo.[14] Tal vez se perdió... Tal vez ésa sea la razón por la que nunca se contó nada.

---

13. En el sistema escolar de Estados Unidos corresponde al último grado de bachillerato [N. del T.].
14. George Gurdjieff (1866?-1949) fue un místico griego-armenio, maestro de danzas sagradas y maestro espiritual. Es más conocido por haber introducido "El Trabajo", o, como él le llamó en un principio, el Cuarto Camino.

La intención lo es todo

El entrenamiento de la mente es un proceso relativo, no absoluto, pero a veces resulta relativo durante varias vidas. Queremos dejar bien claro que cuando morimos con una mente altamente entrenada, tal como entendemos a la mente, ésta desaparece –"ésta" es la mente *tal cual la conocemos* durante nuestra vida. Por lo tanto, finalmente, la domesticación y el entrenamiento de la mente nos regresan a un tipo de práctica diferente, no a un mayor entrenamiento mental.

Llewellyn Vaughan-Lee[15] dice, en relación con la psicología, que la gente no tiene que ser psicológicamente perfecta, sino que debe ser básicamente madura. Como maestro, ha llegado a la conclusión de que no vale la pena el sacrificio de llevar a alguien hacia un "perfecto" balance psicológico, debido a la gran cantidad de energía requerida para ello. Será suficiente que alguien sea en esencia maduro, es decir, que sea capaz de manejar su mente y sus emociones.

El entrenamiento de la mente no conduce necesariamente a un perfeccionamiento obsesivo de la misma. Lo cual sería el enfoque en el caso de un tipo particular de yogui o practicante tántrico, que seguiría entrenando la mente para alcanzar niveles cada vez más refinados, para finalmente poder levitar o crear objetos de la nada o presentarse en dos lugares distintos al mismo tiempo... todas esas cosas extravagantes. Nuestra inquietud es que la *intención requerida para entrenar la mente se sostenga* hasta la siguiente reencarnación, ¡para que la próxima vez sea mucho más fácil!

---

15. El Doctor en Filosofía Llewellyn Vaughan-Lee es un autor y maestro sufí contemporáneo.

Capítulo 2

La auto-observación

En las tradiciones espirituales, a menudo se habla acerca del estado de consciencia llamado "consciencia testigo". Existen tres tipos de testigos: el ego, el testigo sutil (que es anterior o más allá del ego) y el testigo final, en el que no hay testigo ni nada que atestiguar, pero aún hay consciencia, percepción.

Normalmente, en el primer nivel del testigo, que es donde todos comenzamos, el ego es el que observa todo lo que ocurre. Cuando hablamos de "poner atención", la instrucción es: pon atención a todo lo que surge, sin juzgarlo. Todo lo que surge: desde el nivel más burdo –como el mirar al cielo y decir: "¡Ah!, no hay nubes; el sol está brillando", o "Estoy caminando, estoy sentado, estoy hablando"– hasta (con la práctica) la más sutil de las manifestaciones, como las experiencias de telepatía; porque hay una parte de la mente que resulta telepática con todo el mundo, en todas partes. Sin embargo, debido a que nuestra consciencia exterior es discriminante, por fortuna, no nos damos cuenta de manera consciente de todas las cosas que recibimos telepáticamente. Algunas veces, en particular con familiares o parejas que están muy unidos, cuando una persona siente algo en el cuerpo (como un dolor de cabeza o de estómago) y no lo dice, puede que la otra persona empiece a sentirlo también. Una persona tiene un dolor de cabeza y la otra tiene un dolor de cabeza por receptividad. ¡No es su dolor de cabeza, pero piensa que sí lo es!

Al ser instruidos en la práctica de la auto-observación, que es lo mismo que "Poner atención", la instrucción es: no evaluar ni juzgar lo que estás observando. Sólo hay que verlo de manera totalmente impersonal. Porque toda la dinámica psicológica de la negación consiste en estar ciegos intencionalmente a las cosas que no queremos ver de nosotros mismos, ya sea porque son demasiado dolorosas o desagradables. A veces son cosas que hacemos y nos sentimos culpables por ellas. Para no sentir culpa, imaginamos que no las hemos hecho o, de alguna manera, las modificamos en nuestra mente.

Negación y justificación

"¿Cómo es posible que robes sellos postales de tu oficina?" podrías preguntarle a alguien. Y la persona contestaría: "En realidad no se trata de un robo. Trabajo ahí a diario, y soy mujer, por lo que no me pagan tanto como al hombre que desempeña el mismo trabajo. Él se sienta en un escritorio cercano al mío, pero yo tengo un salario más bajo que el suyo. Lo menos que me merezco son sellos. No se trata de robo".

Así es cómo justificamos las cosas ante nosotros mismos.

Por las razones que sean, hay muchas cosas de nosotros mismos que sencillamente no nos gustan. Si alguien le dice a una madre que ha perdido los estribos con su hijo: "Oye, por qué no te relajas un poco, sé más amable y tómatelo con calma". Ella contesta: "Para ti es fácil decirlo. No tienes hijos. No sabes lo que es. No tienes un hijo que te esté preguntando '¿por qué', 'por qué', 'por qué?' miles de veces al día". Justificamos nuestro acto de agresión de manera que suene perfectamente razonable al ego.

En nuestra comunidad, tenemos lo que llamamos "grupos de apoyo". Suelen acabar siendo grupos de "ataque"... pero la idea de un grupo de apoyo es que cuando alguien esté luchando con algún asunto personal, pueda convocar a algunos miembros de la comunidad para exponerles su problema. Se supone que los demás le darán una retroalimentación o un consejo provechoso. En principio, se trata de una idea grandiosa, pero en la práctica, a menudo, funciona muy diferente, debido a que, por lo general, la persona que pide ayuda en realidad no la quiere. Lo que busca es una confirmación de su problema. Tiene una idea muy clara del tipo de apoyo que está dispuesta a aceptar. Y sólo aceptará ese tipo de apoyo.

Hace años, estando en París, un hombre me hizo una pregunta. Dijo: "Tengo un problema realmente grande. Mi esposa nunca quiere tener sexo. Es una verdadera lucha para mí. Yo quiero sexo y ella no".

Le dije: "*Tú* eres el problema". Me miró como si yo estuviera loco. "Ninguna mujer quiere menos sexo que el hombre, al menos que el hombre sea el problema", comenté.

Él agregó: "¡Oh!, al principio era maravilloso, pero ahora, después de estar tanto tiempo juntos, ella no quiere sexo y yo sí".

Le dije otra vez: "*Tú* eres el problema".

¡Vaya!, eso lo perturbó de verdad. Probablemente su esposa se lo había dicho doscientas veces, sin que él la escuchara. Pero él confiaba en mí. Yo tenía algo de credibilidad ante él. No le gustó la respuesta, pero al venir de mí, realmente intentó tener una idea de lo de que yo estaba hablando.

Si se presenta alguna lucha en nuestras vidas, alguna crisis, sea lo que sea, y queremos ayuda, debemos estar dispuestos a recibir esa ayuda de manera objetiva. Hay algunas cosas que no nos gustan y que justificamos y excusamos por completo. Sin embargo, cuando hablamos de poner atención, debemos ver claramente la calidad de cada momento, sin negar, justificar ni analizar; sin dar opinión, sin culpa, sin vergüenza. Y la manera en la que se comienza a poner atención es con el ego –siempre, le pasa a todo el mundo, a menos que hayas nacido santo. (Seguramente yo no. Conozco a algunos maestros que dicen haber nacido iluminados y que decidieron olvidar deliberadamente que eran iluminados para poder experimentar la vida ordinaria, para volver después a su estado constante de iluminación y poder, así, enseñar. Es un gran guion. Ojalá pudiera yo usarlo. Pero me sentiría un gran hipócrita y me odiaría.)

El primer paso

El primer paso para trabajar con la mente y las emociones es ejercer la auto-observación de manera práctica. Tal vez quieras hacer una lista: ¿Qué es lo primero que piensas por la mañana cuando te levantas? ¿Qué es lo primero que piensas cuando te miras al espejo por la mañana? ¿Qué es lo primero que piensas cuando te acercas al armario e intentas elegir una camisa para ponerte?

Éstas son maneras reales, prácticas, inmediatas de ejercitar la auto-observación. Observa tus respuestas en estas situaciones. ¿Qué cuento te estás contando a ti mismo? ¿Qué está pasando? Cuando no encuentras la camisa que quieres, la primera cosa que piensas es "¡Joder! ¡Mi vida es...!". ¿Cuál es tu primera reacción en un nivel ordinario básico?

Cuando hablamos de auto-observación, normalmente, pensamos: "Ah, bueno, tengo que observarme a mí mismo de manera clara para que pueda percibir mi avaricia". Sin embargo, ¿qué puedes decir de la manera en la que conduces? La auto-observación comienza en el nivel más burdo y básico. ¿Te has observado a ti mismo conduciendo un automóvil? Es el lugar perfecto para empezar. ¿Qué tan rápido conduces? ¿Cómo te comportas con relación a los otros conductores? Cualquier situación de tránsito resulta un lugar de primera clase para la auto-observación. Si eres pasajero en un automóvil y te estás auto-observando, ¿qué está haciendo tu mente en relación con el conductor? Sabes que estarás alabándolo o criticándolo, a menos que estés soñando despierto todo el tiempo. Pero la mayoría de la gente que viaja como pasajero en un automóvil, particularmente con alguien que no conoce bien, presta atención a la carretera, en caso de tener que evitar un accidente desde el asiento del pasajero. La auto-observación se aplica en cualquier cosa que estés haciendo.No se trata de que dejes de hacer todo eso, ¡sino solamente de que trates de observarte mientras lo estás haciendo!

Comienza la auto-observación en una situación fácil. O, si eres un optimista empedernido, al estilo de Pollyanna,[1] un buen mentor podría diseñar preguntas propias de la auto-observación como: "¿Hay algunos aspectos negativos en esta circunstancia que trates de ver positivamente?". Una pregunta de este tipo requiere observar el proceso mismo de la mente. ¿Estás negando, reprimiendo o siendo honesto con lo que percibes cuando piensas de manera positiva, o cuando tratas de usar afirmaciones positivas?

Nos resulta tan habitual pensar sólo en nosotros mismos que acabamos siendo totalmente inconscientes del hecho de que cuando colocamos el *prasad*[2] en nuestras bocas dejamos caer las envolturas al piso. Nuestra auto-observación es ciega respecto a nuestros propios hábitos. Nuestra idea de auto-observación es: "Bueno, como todo el mundo es igual, observaré a tal y a tal otro y escribiré al maestro

---

1. Pollyanna: nombre de la heroína de la novela de Eleanor H. Porter Pollyanna publicada en 1913. De esta novela se ha sacado la expresión en inglés "pollyannaish" para describir una persona absurdamente optimista [N. del T.].

2. *Prasad*: una ofrenda, un obsequio; un intercambio de obsequios entre el gurú y el devoto. En este caso, Lee se refiere a pequeños caramelos envueltos que distribuye a sus devotos después de la meditación y durante el darshan formal del domingo.

espiritual largas cartas acerca de todos los problemas que tienen".

En mi ashram de Arizona tenemos un antiguo retrete de cerámica en la jardinera, afuera de la sala del *darshan*.[3] Es un elemento de recuerdo; un ejemplo espectacular y llamativo de lo que somos y de cómo tratamos el ashram. Hay un sinfín de ejemplos de falta de respeto hacia el ashram, desde dejar platos sucios en el fregadero, hasta nuestra relación con la comida y nuestro enojo por tener que entregar recibos cuando sacamos dinero de la caja. Podría ser hacia cualquier cosa. ¡Ese tipo de situaciones son escandalosamente irrespetuosas hacia el ashram, hacia el camino que has elegido e irrespetuosas hacia el Trabajo![4]

¿Sabes quién eres? ¿Sabes que dejas caer las envolturas del prasad en el piso sin ni siquiera pensar en ello? ¿Sabes que conduces de manera agresiva, con rencor? ¿Sabes que cada vez que te refieres a los gays, negros, judíos, árabes, a gente obesa, vieja, o a quien sea, hay un tono de prejuicio, disgusto, fanatismo, superioridad, o algo parecido, en tu voz? ¿Sabes por qué? Ése es justamente el propósito de la auto-observación, no se trata de tomar una decisión moralista y dejar de hacer esas cosas para entonces tener una erupción cutánea debido a que ya no estás conduciendo como loco. La auto-observación consiste en poner de manifiesto los juicios y todos los velos de los que te vales para encubrirte a ti mismo; la auto-observación radica en verte a ti mismo tal cual eres.

El cambio se dará. El Trabajo *se encargará* del cambio. No necesitas preocuparte por ello. ¡Todo lo que necesitas hacer es verte a ti mismo al desnudo!

De hecho, intenta lo siguiente: quítate la ropa (esto no es un asunto "espiritual"; cualquier practicante de Gestalt podría decirte esto) y tan sólo párate desnudo frente al espejo y mírate. Hazlo durante una hora. No digas sólo: "*¡Oo-oui*,[5] necesito ocuparme de esos muslos!". Sólo mírate a ti mismo: cada pliegue, cada arruga, cada lunar, cada peca. Mira ahí, tu hermoso brazo –el que tu amante besa y lame cada vez que puede– tiene un gran pelo de cerca de seis centímetros de largo. Y nos preguntamos: "¿Cómo demonios llegó *esa cosa ahí* de

---

3. La sala del *darshan* es el espacio formal en el cual el gurú o maestro se reúne con sus alumnos o discípulos.

4. Trabajo, con T mayúscula, se refiere, en muchas tradiciones espirituales y recientemente en las enseñanzas de Gurdjieff, al Trabajo de Dios en el cual los seres humanos somos llamados a participar.

5. *Oo-oui*: en francés en el texto. "¡Oh, sí!" en español [N. del T.].

golpe en la noche? Ni siquiera estaba ahí cuando me fui a dormir, y ahí está, saliendo, largo, negro como el culo del diablo". Y lo arrancas... y lo observas y dices: "¡Ah! ¡La vida! ¡Es asombrosa! Esa maldita cosa creció durante la noche. Asombroso".

Arrancamos ese pelo porque de alguna manera resulta inconsistente con la imagen que tenemos de nosotros mismos.

Decídete

Al principio, cuando se comienza a poner atención, y debido a que es sólo el ego el que pone atención, vamos sin dudas a ser selectivos. Vamos a ver algunas cosas de manera muy clara, mientras que otras no las veremos en absoluto. Ése es el modo en el que todos empezamos. Comenzamos ahí. Sin embargo, si en verdad estamos comprometidos con la práctica de poner atención... ¿y cómo llegamos a comprometernos con dicha práctica? ¡Decídete!

Mi ex esposa, antes de que nos conociéramos, era alcohólica y fumaba de dos a tres cajetillas de cigarrillos al día. Era una "guerrera" por lo que fumaba cigarrillos sin filtro. Trabajaba durante la semana, y ella, y su marido de aquel entonces, salían cada fin de semana a emborracharse hasta caerse (los dos eran alcohólicos). Permanecían borrachos todo el fin de semana. Después, el lunes por la mañana, ella se levantaba, decidía no tomar alcohol durante toda la semana y se iba a trabajar. Vivían sus vidas así.

Ella y yo asistíamos al mismo curso de fin de semana, el Método Silva (del cual después me convertí en instructor). En ese primer curso, ella entró en un estado de meditación y tuvo una imagen muy clara de su vida tal como era hasta ese fin de semana. Vio con claridad qué poco elegante, indecorosa e irrespetuosa había sido consigo misma. Salió de su estado de meditación y se dijo: "Nunca más voy a volver a fumar o a tomar", y así fue.

Esta decisión implicó el divorcio, debido a que su esposo no iba a dejar de tomar ni de fumar, y de pronto él se quedó sin compañera, porque en eso se basaba su vida en común. Ella no tuvo conflictos, ni tentaciones. Tomó una decisión y la decisión fue tan contundente que salió de esa habitación y nunca más volvió a experimentar la necesidad de tomar o de fumar. Esto sucedió hace más de treinta años. Que yo sepa, no ha vuelto a agarrar un cigarrillo ni a tomar un trago y no lo extraña. Ya no significan nada para ella. Es como el relato de un milagro porque había pasado diez años de su vida de borrachera cada fin de semana. Era alcohólica y en un instante de decisión, cortó con el vicio.

¿Cómo nos comprometemos con la práctica de poner atención o con cualquier otra práctica? Decídete. ¿Cómo sabemos si la decisión resulta efectiva? No importa. Éste es el punto, y un punto muy importante. ¡No importa! Si eres una persona de integridad, hombre o mujer de integridad, toma una decisión y no la abandones.

Muchos de ustedes, en algún momento de su vida, han sentido el impulso de mentir o robar o de hacer algo peor, pero no lo hicieron. No porque no hubieran podido hacerlo o no hubieran querido hacerlo, sino porque habían tomado la decisión: mentir no es justo; robar no es justo... eso es todo. Y, a pesar de la tentación, algunas veces fuerte, cuando pudiste haber robado teniendo la certeza de no ser descubierto, aun así no lo hiciste, debido a la decisión que habías tomado. Es exactamente lo mismo con la práctica espiritual.

El punto es, ya sea que la decisión de practicar haya sido objetiva, que haya nacido desde el punto esencial más profundo de tu ser o que sólo haya sido un error psicológico impulsivo, no importa. Tomas la decisión y no la abandones. No importa si *tienes ganas* de hacer algo distinto. No te abstienes de hacer algo por miedo a ser castigado o descubierto. Simplemente no llevas a cabo esa acción, debido a que tienes una innata e "intrínseca dignidad" (Prajñanpad)[6]. Todos y cada uno de los seres humanos tenemos "dignidad intrínseca". Sin embargo, al no estar en contacto con ella, ni ser conscientes de ella, a menudo actuamos de manera indigna.

Por tanto, cuando escuches esta reflexión, "Pon atención", todos comenzamos desde el mismo lugar. ¿Quién escucha la frase "Pon atención"? El ego. ¿Qué manifiesta el "Poner atención"? El ego. Así que al principio eres forzosamente selectivo. Nos damos cuenta de algunas cosas y no nos damos cuenta de otras. Esto es algo completamente estratégico, pero inconsciente. En nuestra mente consciente imaginamos que estamos observando todo, que estamos poniendo atención a todo. Pero no es así.

Los hilos y las raíces

Cuando todavía no hemos desarraigado los hilos sutiles de la moti-

---

6. Swami Prajñanpad (1891-1974): maestro espiritual bengalí cuyas enseñanzas fueron encontradas y traídas a Occidente en los años sesenta del siglo veinte por los buscadores franceses Arnaud Desjardins y Daniel Roumanoff.

vación egoísta, nos vemos tan bien a nivel superficial que ni siquiera nos percatamos de la existencia de estos hilos sutiles. Hasta que las circunstancias de nuestra vida no remuevan las hierbas que flotan en el agua, no lograremos ver que algo ocurre debajo de la superficie. Al no ver lo que ocurre debajo, asumimos que no hay nada. O, para usar otro ejemplo, podríamos ver las cenizas de un fuego ya sin humo: "¡Ah!, qué bien, el incendio ya se apagó", decimos. Pero en realidad, debajo de las cenizas podría haber todavía brasas ardiendo.

La práctica de la auto-observación es la consciencia clara, que necesita ser sostenida, y que percibe cuándo dichas potencialidades sutiles están presentes. Al percibirlas, también se da cuenta del momento en el que nos enganchan; al percibir que estamos enganchados, no necesita permitir su manifestación. Si no sabes que esas manifestaciones sutiles están presentes, para cuando estés enganchado, ya estarás manifestando el hábito. Si sabes que están ahí, y las percibes cada vez que se mueven en el fondo, entonces cuando el anzuelo se acerque no te engancharás. La acción que realices no tendrá que concordar con la imagen mental. Pero si no sabes que están ahí, tu acción seguirá a la imagen mental. Para cuando entiendas o percibas esto, ya habrás creado el karma, o reforzado el hábito o puesto tu pie (o la pata) en la boca... lo que sea que se hace habitualmente en estos casos.

En el budismo tibetano se estudia el *abhidharma*[7] con el fin de desarrollar una imagen clara, al menos intelectualmente, de la manera en la que trabaja la mente. En la práctica de la auto-observación, tal como yo la enseño, no hemos definido una técnica de manera tan formal. Decimos: sólo obsérvate a ti mismo a todos los niveles, sutiles y burdos. Comenzamos, por supuesto, con el nivel burdo, el cual resulta obvio: nos vemos a nosotros mismos tal como somos en nuestras relaciones; los apegos que tenemos al dinero, a la comida y al sexo. Cuando eso resulta verdaderamente obvio, cuando nos conocemos muy bien –conocemos nuestra previsibilidad y mecanicidad– comenzamos, entonces, a observar los sentimientos y las emociones que están asociados con las acciones (las cuales estamos haciendo siempre, de todas formas). Por ejemplo, supongamos que estás al final de la fila para la comida y que en el bufé hay algo muy bueno. Temes que no te vaya a tocar nada; crees que se acabará todo

---

7. *Abhidharma*: viene del sánscrito y significa el dogma o la doctrina más elevada.

cuando llegue tu turno. Aquí la acción está muy clara. Empiezas a asociar emociones y sentimientos: ¿estás tan sólo experimentando glotonería y frustración?, o ¿estás enojado con la persona que está en el primer lugar de la fila? ¿Estás proyectando mentalmente: "No te sirvas tanto"?

Sigues todas las asociaciones internas, junto con el comportamiento externo, burdo, y después empiezas a darte cuenta de las conexiones sutiles. Por ejemplo, en otro caso, quizá pensaste que fuiste motivado a aportar claridad a un hecho, cuando en realidad tu motivación real consistía en dar ventaja a tu propio hijo en cualquier situación. Ése es el tipo de motivación interna, sutil, que normalmente no aplicamos a nosotros mismos. Queremos pensar que tenemos ideales más altos; que nuestros motivos están más orientados al dharma correcto y al comportamiento correcto; a la relación correcta y demás.

Hay muchos niveles de auto-observación. De lo que hablamos aquí es que una vez que hayas tenido una experiencia de auto-observación clara, objetiva, entonces sabrás cuáles son las claves sutiles. Tendrás una idea de la forma en la que trabaja tu sistema interno. Entonces necesitarás mantener esa comprensión con el fin de no continuar enganchándote.

Articula tu objetivo
Una práctica de auto-observación

Se cuenta que, en sus charlas en París durante la guerra, Gurdjieff decía que nuestras neurosis son "perros". Si nuestra neurosis es el orgullo o la vanidad o la avaricia o la ira o lo que sea, él decía: "Ése es tu perro". Y agregaba: "Tenemos que pelear porque estas cualidades se han cristalizado en nosotros desde que éramos niños, fundadas en cierta interpretación que hicimos; la única interpretación que un niño es capaz de hacer, debido a que no puede pensar con el intelecto de un adulto".

Suponemos ciertas cosas derivadas de nuestra experiencia y después sacamos ciertas conclusiones; y esas cosas se convierten en las leyes conforme a las cuales vivimos como adultos. Podríamos decidir, por ejemplo, que la comida equivale al amor, y de adultos podríamos mostrar diversas relaciones neuróticas con la alimentación debido a que desde niño la fórmula "comida es amor" es algo cristalizado en nosotros. Gurdjieff dijo que como adultos somos la prueba de que estas cualidades se cristalizaron en nosotros cuando éramos niños.

Una vez, nuestro ashram recibió como obsequio una gran cantidad de azúcar de caña (unos cien kilos o más), y lo tuvimos por ahí durante mucho tiempo, ya que usamos poco azúcar. Después de un tiempo, parte del azúcar se solidificó y, literalmente, se puso como piedra. Lo quisimos hacer pedazos con un picahielo, sin éxito. Tuvimos que hervirlo en agua, durante horas, para quitarle lo cristalizado. Por tanto, cuando Gurdjieff habla de "cristalización", está hablando de eso mismo. Algo se solidifica con tal tenacidad que, para cuando llegamos a adultos, y descubrimos el Trabajo, el intento de luchar contra esa cristalización, sin ayuda externa y sin una disciplina extraordinaria, resulta ser una batalla destinada al fracaso.

Gurdjieff dice que cuando descubrimos cuáles son nuestros "perros" –o cuál es nuestro perro, lo que en la terminología del Cuarto Camino podría llamarse "rasgo dominante"[8] o "debilidad dominante" (Gurdjieff probablemente lo hubiera llamado "perro dominante"), el poder de nuestra cristalización, el poder de nuestra neurosis, resulta tan fuerte y sofisticado que nos encontramos en una posición tremendamente débil en relación con él. Así son las cosas. El gran énfasis, la fuerza y la remembranza que tenemos que lograr para lidiar con este asunto resultan imposibles para la mayoría de la gente. La mayor parte de la gente simplemente no lo hará. Todo lo que hay en nosotros trata de sabotear el cumplimiento de aquellas funciones con las que contamos en este Trabajo.

Gurdjieff dice que *todo* en la naturaleza peleará contra el Trabajo y tratará de sabotear nuestros progresos. Cualquiera que sea nuestro rol o puesto, cualquiera que sea nuestra tarea en esta vida en relación con el Trabajo, todo en nosotros peleará en contra de eso; nos convencerá de que eso "no es así"; nos convencerá de que somos egoístas y arrogantes por tan sólo pensar en esas cosas; que no podemos hacerlo; que estamos siendo completamente fantasiosos y supersticiosos... cualquiera que sea el caso. Incluso, pelearemos físicamente, no sólo intelectual y emocionalmente, en contra del cumplimiento de nuestra tarea.

Gurdjieff dice que cuando tengas un momento de claridad (y todos tenemos momentos de claridad de vez en cuando, momen-

---

8. "Rasgo dominante": término de la obra de Gurdjieff, que se refiere al principio organizador de la personalidad; permanece oculto a la personalidad, pero, por lo general, resulta obvio a los demás. La identificación con este principio nos impide experimentar el estado despierto.

tos en los que conocemos la realidad, la verdad de las cosas), *tienes que expresar verbalmente ese momento*. Habla de esto en términos de "definir un objetivo" o establecer una meta, tener un deseo. Debes *expresarlo en ese momento*, porque ese momento pronto desaparecerá, quizá, literalmente, en el instante siguiente.

Un ejemplo interesante de lo que puede suceder en un momento de claridad es lo que ocurrió al predicador Jimmy Sweigert. En un libro acerca de él, el autor explica que cuando Sweigert tenía diez años cayó en un estado alterado de consciencia que los fundamentalistas llaman "de profetización" y que el biógrafo llama un verdadero estado de transformación religiosa. Duró tres días. Durante este tiempo, fue en 1945, cerca de aproximadamente una semana antes de que lanzaran la primera bomba en Hiroshima, él ya había predicho el hecho. Una de las cosas que dijo fue que una bomba grande, inimaginable para la mayoría de la humanidad, sería arrojada muy pronto.

En algunas ocasiones nuestro estado de apertura dura algunos días, a veces incluso meses. Sin embargo, normalmente, aparece y se va. Literalmente, tenemos la siguiente experiencia instantánea: la realidad se abre y percibimos la verdad, no sólo de manera universal, sino personal; vemos nuestro rol, nuestro camino, nuestro destino. Parecido al instante en el que alguien muere, y su vida entera destella ante él. Nuestro momento de claridad podría ser de tan sólo medio segundo de reloj, pero en ese medio segundo percibimos todo. Vemos quién es el gurú para nosotros; vemos el Trabajo; vemos cómo nuestra vida entera fue diseñada para llevarnos al punto de encuentro con el maestro, emprender el camino, entrar en el proceso. ¡Resulta asombroso! Y en un instante se va.

Gurdjieff dice que cuando percibas eso, tendrás que actuar rápidamente –mientras esté todavía fresco en tu mente, antes de que la naturaleza venga y manipule todo el asunto, apoderándose de él y utilizándolo en tu contra, haciéndote pensar que eres un nuevo profeta y que vas a empezar una nueva religión (ésa es la manera en la que la naturaleza interpreta nuestra visión fugaz de la realidad y la pone en nuestra contra). *Debes articular lo que sepas que es cierto acerca del Trabajo y, en particular, acerca de tu proceso personal.* Después tendrás que repetirte a ti mismo dicha articulación diez veces, cien veces, mil veces, un millón de veces. Las primeras diez veces no marcarán ninguna diferencia, las primeras cien veces tampoco marcarán ninguna diferencia en términos del completo dominio que los hábitos ejercen sobre ti. Sin embargo, tarde o temprano, si cada vez que surja el hábito te dices a ti mismo (una vez que lo has articulado): "Estoy identificado con aquellas cosas. No soy aquellas cosas", tarde o temprano, la vez 101, la 110 y la 500 lo vas a decir y, de repente, el hábito se desvanecerá por completo en ese instante. ¡Y *estarás controlando* las afirmaciones! Tu "yo" que une estará en control.

Esta toma de consciencia podría desaparecer en el siguiente instante. Pero, en el momento en el que la tengas, en lugar de ser un completo esclavo de tu hábito (en cuyo caso nada de lo que hagas podrá moverlo; seguirás encontrándote con los estímulos de la vida y reaccionando totalmente como máquina), si sigues enunciando lo que sabías que era verdadero en ese momento de genuina y objetiva claridad, tarde o temprano estarás en control y el hábito será tu esclavo. Lo sabrás y este conocimiento te dará fuerza y poder. Cada vez que eso ocurra, el hecho de que el hábito sea tu esclavo se hará cada vez más fuerte. En cierto punto, quizá te lleve años, tendrás más poder que el hábito. En lugar de que seas tu el esclavo, el hábito se convertirá en esclavo, de manera permanente, y es entonces cuando darás un paso adelante en el Trabajo.

Lo que sucede, a menudo, es que experimentamos una toma de consciencia genuina y objetiva, pero la olvidamos una hora, un par de días o una semana más tarde. Entonces, el hábito vuelve bruscamente a su lugar. La práctica de la auto-observación, en cualquier sistema, es tal que una vez que has penetrado, aguijoneado la confusión y falta de claridad, y ya *tienes* claridad, nunca más vas a querer regresar a un lugar en el que te manipulen aquellas cosas sobre las que has conseguido claridad. Querrás recordar aquellas cosas y continuar percibiéndolas hacia y hasta el punto, y a través del punto, donde ya no te confrontan de manera activa.

Con el tiempo, esto llegará. Si te niegas a ser enganchado por el anzuelo, entonces, con el tiempo (dependiendo del individuo, podrían ser meses o incluso años), la "cosa", el hábito, dejará de funcionar. Finalmente, ése es tu objetivo. La cosa en sí deja de engancharte, y así tu comportamiento puede ser finalmente justo, congruente con el Trabajo y el dharma, en lugar de ser manipulador e inconsciente. La auto-observación es una práctica absolutamente esencial e imprescindible.

Profundizando

Recientemente, un alumno me preguntó qué hacer respecto al lío en el que estaba metido. Se dio cuenta de que estaba identificado con su esfuerzo de auto-observación; que se sentía bien con la práctica de no actuar acorde a su hábito. Le respondí que conforme la práctica de auto-observación se hace más y más profunda, nuestros apegos se hacen también más y más sofisticados. Chögyam Trungpa Rimpoché habló acerca del orgullo espiritual, uno de los últimos dominios del materialismo espiritual. Yo diría que el apego a la "práctica correcta", en cualquiera de sus formas, no sólo la de auto-observación, tiende a ser uno de los campos en los que adquirimos inconsciencia, debido a que el resultado de la práctica correcta es el resultado que estamos buscando (y si tienes que elegir el "mejor" de los apegos, ¡la "práctica correcta" sería ciertamente el mejor!).

Conforme nos auto-observamos, el apego a nuestros esfuerzos tiende a aparecer al final del proceso porque simplemente lo damos por sentado: "Bueno, tengo que hacer un esfuerzo", decimos. Pero, pasamos por alto el hecho de que hemos dado sustancia al esfuerzo de la práctica correcta, en lugar de incluirlo en el campo de todos los fenómenos de origen dependiente[9] y de insustancialidad esencial. Percibimos esto fácilmente en los fenómenos sólidos. Puedes golpear un pedazo de madera y decir: "¡Ah!, esto es originalmente dependiente e insustancial". Resulta más fácil llegar a esa comprensión con los objetos físicos, y después con los objetos emocionales... pero entonces el asunto se vuelve cada vez más y más sofisticado.

El maestro zen Soen Sa Nim [Seung Soen] se valía de un gran ejemplo (escrito por él en un artículo reciente publicado en una revista contemporánea budista) acerca de alguien que es celoso, totalmente llevado por una tormenta emocional y que, posteriormente, se da cuenta de que las percepciones en las que basaba sus celos eran erróneas. ¡De repente los celos desaparecen! Soen Sa Nim utilizó esta situación como un ejemplo de cómo te das cuenta, en forma gradual, de la insustancialidad de las reacciones emocionales. Percibes cómo tus emociones dependen de un cierto catalizador y ves que, cuando el catalizador ya no está ahí, entonces no hay reacciones. Si el cataliza-

---

9.Origen dependiente (*pañicca-samuppàd*): expresión que describe una visión de la vida en la cual todo está interconectado. Nada está separado, nada se mantiene aislado. Todo "depende" de sus orígenes en algo y/o en todo lo demás.

dor está ahí, hay reacción. Y si observas el catalizador de una manera distinta, de repente, lo que era completamente sustancial desaparece en un segundo y se vuelve insustancial en el siguiente segundo.

Así, lo más fácil es empezar pasando a través de la observación del origen dependiente primario y de la insustancialidad relativa de las cosas físicas. Después, seguimos adelante con las emociones, y seguimos observando apegos más y más sutiles. Si alguien está apegado a un automóvil nuevo, dicho apego será muy obvio; al igual que el de alguien que tiene apego a cierto tipo de alimento o a verse de cierta manera, a vestirse de cierto modo. Podemos deducir esas cosas con facilidad. Pero existen apegos a niveles cada vez más sutiles.

El amor, por ejemplo, en cuanto sentimiento o estado de ánimo, tiende a ser tan nebuloso que no creemos tener apego a él. Decimos: "Yo sé qué efímero e insustancial es el amor", cuando en realidad establecemos un montón de apegos vinculados a relaciones sutiles con nuestros amigos, familia, hijos, parejas.

Conforme la auto-observación se profundiza percibimos los apegos cada vez más sutiles. Y uno de los que vemos por último es que de hecho estamos apegados a la práctica de la auto-observación, porque la suposición automática es: "Ésta es la práctica correcta, tan sólo estoy practicando de manera natural y espontánea", cuando en realidad hemos desarrollado un apego. Es cuestión de no abandonar la práctica demasiado pronto. Como en el proceso de *Lyings*,[10] desarrollado por Swami Prajñanpad, existen varios niveles de comprensión y en cada nivel de introspección se siente lo mismo. Esto quiere decir que, cuando desbaratamos una cierta ilusión, se siente que la toma de consciencia es total. Incluso en el nivel más superficial, cuando en verdad percibimos un apego "tal cual es", decimos: "¡Ah!, estoy libre". Pero, en realidad, todo lo que hemos visto es sólo el primer nivel.

Swami Prajñanpad solía recomendar sesiones continuadas de *Lyings*, debido a que la gente suponía, después de haber tenido un avance, que ya no necesitaba otro. Suponía que ya había terminado porque la claridad de lo que estaba percibiendo era tan liberadora y tan reveladora que surgía automáticamente una suposición: "¡Ah!, no estuvo tan mal, ¡ya terminé!".

10.Lyings: tipo de proceso psicoespiritual, desarrollado por Swami Prajñanpad (ver nota 6 en la página 19), para trabajar con los bloqueos psicológicos. El proceso se llama así debido a que el participante se recuesta durante la sesión.

Swami Prajñanpad ha demostrado, con su experiencia, que cuando la gente pasa al siguiente nivel, alcanza una comprensión más profunda. Y esa comprensión se siente exactamente del mismo modo. La gente entonces comenta: "¡Ah!, estoy contento porque no desistí. Pero ahora sí, ya terminé".

Una de las razones para practicar los *Lyings* con un instructor o un mentor radica en que el observador externo tiene mejor percepción para determinar si en realidad has llegado al final o no. "Pero, he logrado esta comprensión profunda. Ahora entiendo todas estas cosas extraordinarias", podría decir la persona. Pero puede que todavía queden conexiones sutiles.

Soen Sa Nim apunta que cuando eres bebé, eres en esencia sensación pura: eres frío, eres calor, eres hambre. Y que siendo bebé reaccionas de manera puramente instintiva en función de estas sensaciones. No obstante, sigues llevando a cabo asociaciones sutiles todo el tiempo, pero no lo sabes ya que la mente pensante todavía no está involucrada. No tienes pensamiento reflexivo. Como adultos, sin embargo, estamos tan identificados con el ámbito de nuestro pensamiento referencial que, cuando tenemos una introspección que puede ponerse en palabras, pensamos: "Eso es. He tomado consciencia de todas las conexiones. He arrancado de raíz todas las asociaciones". Porque lo hemos logrado a un cierto nivel. Pero, en última instancia, para una práctica verdadera, también tenemos que sentir aquellos apegos sutiles que hicimos en el pensamiento pre-referencial. Y estos pueden ser tan profundos y sutiles que la mayoría de la gente nunca pensaría continuar con ninguna práctica más allá de cierto sentimiento de introspección emocional. Nunca continuaría hasta el nivel pre-emocional y primordial. Aun así, ¡tenemos que mantenernos en la práctica!

El reto radica en que no reconocerás en qué consisten estas asociaciones previas. No las ves venir. Sólo reconoces lo que eran una vez que te has desprendido de ellas. Te das cuenta, por la manera en la que estás funcionando, que has arrancado de raíz esos apegos sutiles.

Es una comprensión del tipo "¡Ay, *Dios mío!*": la percibes de una manera absolutamente carente de asociaciones descriptivas o intelectuales. Asimismo, pueden ser tan sutiles que no tengas un evidente sentimiento asociado. No obstante, lo ves tal cual es, y el hecho de verlo resulta innegable. Pero puede que no haya una sensación física mayor asociada con ello. Se trata de una comprensión tácita.

Uno de mis alumnos se dio cuenta de que al levantarse después de la práctica de meditación en el ashram, y al dirigirse a su automóvil, se movía de manera diferente, "... como una persona sana", dijo. Éste es un buen ejemplo de lo que hemos estado hablando. Cuando no tienes una descripción intelectual de lo que ha sido tocado, pero el cambio es obvio –se refleja en la manera en la que caminas o te mueves–, ¡se trata entonces de algo profundo! Tal vez no hayas llegado al fondo del barril en lo que concierne a tus apegos, pero estás dirigiéndote hacia ahí. Lo que permite que esta comprensión se mantenga, es vivir en el ininterrumpido estado de meditación del cual surgió. La tendencia es, sin embargo, levantarnos de la meditación y ponernos a hacer cosas... y ese estado de claridad es dejado de lado, por completo, hasta la siguiente sesión de meditación. Pero, por fortuna, esos eventos resultan acumulativos, aunque obviamente, cuanto más largo sea el periodo de tiempo entre los periodos activos de práctica, más empolvados y ocultos llegarán a ser. Si te vas por un par de años y cuando regresas tratas de recordar dónde pusiste las cosas en tu cuarto, es muy probable que no las encuentres. Se trata de un proceso similar. Por ello, en la medida de lo posible, querrás mantener este estado fresco, cuanto más tiempo posible.

Conoce tu personaje

E. J. Gold[11] dice que hay muchos personajes[12] en nosotros, incluido el del "discípulo", y que podemos escoger el personaje al que vamos a dar vida. Por tanto, si el personaje al que se está dando vida no es aquel con el que quisiéramos ser animados (como el "*saboteur*"[13]), es posible elegir otro personaje. Porque, si alguien pregunta a cualquiera de nosotros, por ejemplo, cuáles son las cualidades de un discípulo, habrá algunas diferencias en nuestra respuesta, pero la mayoría de nosotros tendrá una idea muy clara acerca de la manera en la que

11. E. J. Gold: autor contemporáneo, chamán, maestro espiritual de la tradición del Cuarto Camino; fundador y maestro del Instituto para el Desarrollo del Ser Humano Armonioso (IDHHB, por sus siglas en inglés), con sede en Grass Valley, California.
12. Personajes: tal como el Sr. Gold usa el término, se refiere al papel que uno hace suyo o a la posición que uno asume cuando participa en un videojuego. Uno adopta cierto "personaje" con todos sus atributos, fuerzas y debilidades, armas de defensa y todo eso, y luego procede a seguir el juego como ese personaje. Cuando el juego termina, uno puede asumir otro personaje.
13. *Saboteur*: en francès en el texto. En español quiere decir el saboteador [N. del T.].

definiríamos el "discípulo". En un sentido técnico, resulta igual de fácil dar vida al personaje del "discípulo", como animar al "saboteur" o al "furioso".

Cuanto más íntimamente conozcas a cualquier otro personaje, más fácil será no permitir que ese personaje interfiera. Por tanto, esto nos regresa a la despiadada auto-observación.

Cuando surge un personaje, como el "saboteur" o el "furioso", la manera de llegar a conocerlo mejor radica en verlo, sin justificarlo, sin tratar de adornarlo de alguna manera. Si intentas disfrazarlo, no llegarás a conocerlo de manera íntima. Cuanto más estrechamente conozcas a tu personaje, menos te sorprenderá, manipulará o dominará. Por tanto, cada vez que surja el personaje, en lugar de pelear con él, tratar de huirle o pretender que no está ahí, acéptalo completamente *tal cual* es, y en dicha aceptación verás al personaje tal cual es. Cuando se percibe algo con tal claridad, pierde de su poder. No puede entrar a hurtadillas ni asumir el control cuando no lo esperas. Porque conoces sus maneras retorcidas. Lo has visto. Si uno de tus parientes es adicto a la heroína, lo ha sido por un buen rato y tú lo sabes, conocerás todas las excusas con las que posiblemente intente utilizarte para conseguir droga. Por tanto, cuando te llame con esas excusas, ya sabrás que se trata de una excusa; lo sabrás debido a que conoces la forma en la que un adicto trabaja.

Sucede lo mismo con cualquiera de tus personajes interiores. Si conoces al personaje, este no podrá obtener ninguna ventaja de ti. Por eso, cuando surge el personaje, querrás verlo en lugar de evitarlo. Una vez que lo conozcas estrechamente, no tendrá la misma función. ¡No la tendrá!

No se necesita preparación

El principio del trabajo en uno mismo es la auto-observación. Éste es un nivel fundamental de práctica para muchos caminos diferentes. Esta práctica no requiere preparación porque no vas construyendo gradualmente para conseguir un objetivo. Más bien, practicas en el momento. Así, la frase usada por Arnaud Desjardins[14] para el proceso interno es "activamente pasivo". Simplemente observas, sin tener

---

14. Arnaud Desjardins: autor francés contemporáneo, realizador de cine y maestro espiritual cuyo ashram, Hauteville, está localizado en el sur de Francia. Desjardins es discípulo de Swami Prajñanpad y colega cercano de Lee Lozowick.

que hacer nada que requiera esfuerzo. Podríamos también decir que se trata de un esfuerzo de atención. Tienes que poner atención, pero el poner atención se lleva a cabo en completa sintonía con cualquier otra cosa que estés haciendo en ese momento, incluyendo sentarse en el sofá a ver televisión, o ser perezoso.

Como he mencionado antes, en el acto o proceso de percibir con claridad, a menudo, las respuestas que normalmente buscamos están justo ahí y resultan obvias. Por ejemplo, podrías luchar contra la pereza tratando de motivarte o colocando pequeñas señales positivas por todos lados: "Adelante, levántate y trabaja, vago perezoso" o lo que sea. O, podrías recordar un precioso cuento zen acerca del trabajo.

Había una vez un maestro zen cuya práctica consistía en trabajar a diario en el campo. Conforme se hizo viejo, su bienintencionada comunidad pensó: "Ay, este pobre hombre, es tan viejo, ha estado trabajando tan duro toda su vida, nos ayuda tanto, que merece descansar". Entonces, el consejo directivo se reunió (o lo que acostumbraran hacer en aquel entonces, ya que esto ocurrió hace más de cien años) y promulgó una ley para que este hombre dejara de trabajar.

En su sabiduría, el maestro zen pensó que sería mejor obedecer al consejo directivo en lugar de entablar una lucha, así que dejó de ir al campo. Y, en la siguiente comida, simplemente se sentó. Cuando se le sirvió el alimento, no comió. Los alumnos pensaron que quizá no se sentía muy bien, por lo que no le prestaron mucha atención. Sin embargo, cada vez que se le sirvió comida durante los siguientes dos días, él no comía.

Después de un tiempo, como era de esperar, los alumnos se preocuparon y alguien preguntó al viejo monje si estaba enfermo o si había algún problema con la comida. El maestro dijo algo al respecto (y no puedo citarlo con exactitud debido a que fue en japonés arcaico): "Si no trabajo, no me gano el alimento, por lo que no comeré". Al oír esto, todos sus alumnos (según cuenta la historia) alcanzaron la iluminación y lo dejaron regresar al campo.

Por tanto, quizá si alguien quisiera inspirarse en el cuento zen, pondría un pequeño letrero en el refrigerador: "Si no trabajas, no comes". Pero, cuando se trata del trabajo interno, no tenemos que prepararnos gradualmente para generar un impulso o prepararnos mentalmente y estar listos para hacerlo. En el mundo exterior, todos se preparan de una manera diferente para lo que vayan a hacer.

Como Bárbara Streisand, una cantante fantástica, que se prepara para cada espectáculo vomitando, debido a que está muy nerviosa, muy aterrada de salir ante el público a cantar, aun cuando lo ha estado haciendo durante cuarenta años y tiene una voz estupenda y una presencia escénica fantástica. O bien, mira a los boxeadores, cómo se preparan mentalmente antes de subir al ring. Como Mohammed Alí, uno de los grandes boxeadores del siglo veinte. Era como un animal. Como un león. ¡Qué cuerpo! Si no me gustaran tanto las mujeres, me hubiera enamorado de Mohammed Alí. Ese tío era espléndido en su apogeo. Bueno, acostumbraba ir por ahí diciendo: "Soy el más grande. Soy el más grande...", preparándose mentalmente. Pero, para practicar, no tienes que hacer nada de todo esto. No tienes que prepararte mentalmente, hacer otro tipo de preparativos o generar un impulso. Aunque probablemente algunos de ustedes lo hagan. Probablemente te prepares para tu retiro espiritual en Hauteville.[15] "*La próxima semana* me voy a observar a mí mismo. La próxima semana voy a aceptar lo que es como es. *La próxima semana* voy a decir *Sí*". Pero, de hecho, la práctica no requiere ninguna preparación. Se reduce al eslogan de Nike: "¡Sólo hazlo!" (a menos que seas un ladrón, entonces: "¡*Sólo, no* lo hagas!").

---

15. Lee está hablando a los alumnos de Hauteville, el ashram de Arnaud Desjardins, en el sur de Francia.

Capítulo 3

¿Qué te posee?

Uno de los aspectos principales de la sadhana consiste en auto-observarse hasta el punto en el que percibimos lo que nos posee. Si tienes una pasión profesional y te has fijado cierta meta para tu vida laboral, pero no estás tranquilo al respecto, y si esto de hecho te está sacando de tus casillas, se trata entonces, obviamente, de una especie de posesión. O, si tienes una fijación con alguien que ha muerto -ya sea que no hayas vivido tu duelo lo suficiente o para nada- y permites que el apego a esa persona te controle por completo, eso es estar poseído. Porque si vives tu duelo de una manera correcta, tu dolor podrá durar una semana, un mes, un año, pero finalmente se acabará. Con certeza siempre recordarás a esa persona con afecto, pero ya habrás terminado con el duelo. Por supuesto, esto también aplica al lado negativo. Si una persona muere, y has tenido una experiencia negativa con ella, en lugar de una experiencia amorosa, y si mantienes una asociación constante con esta negatividad, aun después de que esta persona haya muerto, entonces esta es una forma de posesión. Necesitamos auto-observarnos hasta lograr tener una idea de lo que nos posee.

Muchos de nosotros estamos poseídos secretamente. ¡No sabemos que estamos poseídos debido a que pensamos que hemos soltado el tema en cuestión! Por ejemplo, piensas que has renunciado al café y estás convencido de que es así. No has tomado café en años, debido a tu disciplina y responsabilidad... y súbitamente comenzamos a recibir aquí más café del que podemos tomar (debido a que dos alumnos nuevos tienen una cafetería en la ciudad) y acabamos tomando café todo el tiempo. Hay gente que no lo había tomado en años, pero todavía está completamente poseída por la entidad del café. Y en el momento en el que empiezan a tomar café de nuevo, es como si nunca hubieran renunciado a él. Se encuentran en el mismo punto de antes.

Así, muy a menudo, tenemos pasiones de juventud y no sabemos que todavía estamos poseídos por ellas. Las enterramos. Conforme envejecemos, nos volvemos más sabios; hemos aprendido nuestras lecciones. Creemos no estar ya poseídos por nuestras pasiones de juventud y, con frecuencia, descubrimos cuando éstas regresan a nuestras vidas, si es que lo hacen, que esta posesión todavía existe: la misma necesidad, la misma impulsividad, la misma falta de claridad y distinción.

Resulta particularmente importante que nos auto-observemos en relación con lo que nos posee, para que cuando tengamos que lidiar con esa cosa tengamos cierto grado de consciencia de ella, lo cual nos da cierto grado de elección. Porque, siempre y cuando no sepamos qué es lo que nos posee, no tendremos alternativa.

La gente manda que le hagan cartas astrales porque se imaginan que si saben lo que les va a pasar podrán fortalecerse emocionalmente, podrán prepararse para ello. Ya que la mayoría de los signos astrológicos son indicaciones y potencialidades, no certezas, hay una posibilidad muy real de que si tú supieras tus características astrológicas podrías, si no *evitar* ciertas cosas, sí por lo menos minimizarlas. En muchos casos, el conocimiento resulta útil. Sabiendo que tenemos ciertas fortalezas y ciertas debilidades, podríamos aprovechar nuestras fuerzas y fortalecer nuestros puntos débiles. Así que debemos querer saber lo que nos posee.

Se dice que la influencia de nuestra herencia se remonta a siete generaciones. ¡Es mucho! La mayoría de nosotros no conocimos en absoluto a nuestros bisabuelos; quizá vinieron de otro país. No sabemos nada acerca de nuestros ancestros de un pasado tan remoto. Y, sin embargo, en las estructuras químicas de nuestros cuerpos, literalmente, no en algún tipo de memoria mental, sino en las estructuras químicas de nuestras células, hay un consenso muy consistente de que estamos influenciados por siete generaciones atrás. Esto es muy alarmante, especialmente si vienes de una familia de asesinos, ladrones, violadores, fanáticos o inquisidores. Es muy alarmante que las influencias de personas cuyas vidas fueron completamente dominadas por los impulsos de poder, autoridad, control y riqueza te afecten.

Podría ser no sólo útil, sino también protector para el buen estado de tu compromiso con el camino, tener un sentido de aquello que te posee. Por ejemplo, si sabes que tienes debilidad por la fama y alguien te ofrece una oportunidad fantástica para ser famoso. Si sabes que esto es lo que te posee, deberías tener suficiente presencia de espíritu para, en realidad, pensar lógicamente acerca de lo que te están ofreciendo. Podrías darte cuenta de que hasta que algo se firme, hasta que conozcas a la gente con la que vas a lidiar, hasta que el asunto haya sido financiado y se hayan recolectado los recursos para, en verdad, *hacer* aquello en lo que se basa toda esta fantástica idea, no tendrás nada más que aire. ¡Y si no tienes la presencia mental para saber lo que te posee, serás engañado! Has firmado antes de enterarte.

Si supieras qué te posee, entonces tal vez podrías detenerte un minuto, respirar hondo y, en verdad, pensar con inteligencia sobre el asunto. En la mayoría de los casos, encontrarás que sí tienes la habilidad para decir no, no sólo porque seas un súper yogui o yoguini, sino porque realmente has comprendido que el impulso de precipitarte a una circunstancia absurda proviene de lo que te posee, no de un regalo del camino o de algo que podría resultar interesante.

Hay muchas facetas de la auto-observación, muchas consecuencias positivas, y ninguna negativa. Ésta es una de ellas: observarte cuando interaccionas y saber qué es lo que te posee. Supón que ves tu nombre en un cartel en la tienda local de alimentos naturistas porque ofreces sesiones de canalización. ¡Aun cuando sólo una persona (o nadie) acuda a la sesión, aun así, cada vez que puedes caminas hacia la puerta, ves tu cartel y te sientes bien debido a que es un cartel con tu nombre... en la pizarra de anuncios... en la tienda de alimento naturista! Y casi no tiene importancia si nadie llega a las sesiones. Ese cartel ha satisfecho por sí solo tu necesidad de ser reconocido, ¡de ser famoso! Incluso, con sólo una miga de poder, la gente actúa como si estuviera postulándose para la presidencia de los Estados Unidos.

Si descubrimos qué es lo que nos posee, podremos dejar entonces de hacernos los tontos, en particular bajo circunstancias que podrían costarnos los ahorros de toda una vida. (No sólo la gente mayor se ve implicada en diversas estafas: alguien les promete esto o aquello y les saca todos los ahorros de su vida.)

Lo que nos posee podrían ser cosas pequeñas, pero aun así nos poseen, y requieren una tremenda cantidad de energía para ser reprimidas, contenidas o vividas y/o exteriorizadas. Algunas veces vivimos lo que nos posee, como la gente que se va al karaoke por las noches, esperando que alguien los descubra.

Karma, posesión y elección

Cuando sabes lo que te posee, este conocimiento te ofrece un nivel diferente de elección. En relación con el karma, el Dr. Robert Svoboda[1] dice que existen diferentes fenómenos: algunas cosas pueden evitarse por completo, otras pueden minimizarse y otras más están escritas en piedra –podrían aplazarse para otra vida, pero no puedes saltártelas; tarde o temprano cierta manifestación ocurrirá. Con todas las demás cosas puedes trabajar. Y, en muchos casos, puedes trabajar con ellas hasta el punto en el que las consecuencias sean tan mínimas que apenas sientas una ligera irritación.

Cuanto más sepamos de nosotros mismos, más podremos lidiar con el tipo de cosas que *no necesitan manifestarse* en absoluto y con el tipo de cosas que nos atraen, por la fuerte energía que nos empuja hacia ellas, pero que pueden minimizarse o suavizarse por completo. Cuanto más sepamos, más podremos lidiar con estas dos categorías del karma que constituyen la mayor parte de éste. Y, si sabemos que hay algo que no podemos evitar, mediante el conocimiento de que no podemos evitarlo, podremos al menos prepararnos mentalmente para recibirlo.

Muchas cosas están relativamente establecidas por el destino, como tus estrellas. Es posible trabajar con ellas, puedes sacar ventaja de ellas. Si en tu carta astral tienes una predisposición hacia la música o el arte, para hacer dinero, guiar a otros o para la política, la enseñanza, la sanación... o lo que sea... podrías optimizarlo trabajando en ese campo específico. O, si hay aspectos negativos en tu carta, podrías, a menudo, mediar con ellos, modularlos.

Cuanto más sepamos, más podremos acercarnos a nuestro karma con un sentimiento de elección. Y cuando *sabemos* que lo que nos posee no es nuestro karma, ni nuestra genética, sino que es tan sólo

---

1. El Dr. Robert Svoboda es maestro y autor contemporáneo, astrólogo y físico ayurvédico. Es discípulo del finado Swami Vimalananda, un maestro Aghori. El Dr. Svodoba ha escrito, de manera extensa, sobre el tema del karma.

la sociedad, la cultura, la publicidad, la educación de nuestra infancia, algo que dijo nuestra maestra de tercer año que asimilamos y que, literalmente, moldeó nuestra vida, entonces podremos tener un sentido mucho mayor de elección.

Sea lo que sea que carguemos, si algo nos posee, que en realidad es pura psicología o personalidad, podemos identificarlo y eliminar, de manera contundente, las consecuencias y los efectos de esta autoridad dominante. Literalmente, podemos relegar esta autoridad dominante hacia una parte totalmente histórica de nuestras vidas. Y, cuando tengamos una idea de qué nos gobierna con respecto al karma y a la genética, entonces podremos salir al encuentro de aquellas cosas con mayor claridad.

Poseído por la genética

El tema de la herencia genética es una cuestión enorme para muchas personas. ¿Qué tal si hay una tendencia en tu familia, por parte de las mujeres, a tener cáncer de ovarios: tu mamá lo tuvo, tu abuela lo tuvo y la hermana de tu mamá lo tuvo también? ¿Qué tal si vives poseído por esa entidad? Podría ser cualquier cosa, esquizofrenia... aquí hay algo verdaderamente fuerte. La gente vive aterrada ante la posibilidad de la locura. Es un asunto gigantesco en nuestra cultura, ¡la locura hereditaria!

Podríamos descubrir que estamos poseídos por algo por el que tenemos una predisposición genética; de hecho, es un asunto químico, no nuestra imaginación. Tenemos que considerar la historia de nuestra familia. Aun así, podemos hacerle frente a esa circunstancia a través de la dieta, el ejercicio, el pensamiento correcto, de una manera distinta a como lo haríamos si sólo estuviéramos invadidos por el miedo y la ignorancia de esa circunstancia. Puedes trabajar con tu cuerpo y prepararte, para optimizar o minimizar la posibilidad de que el cuerpo sea partícipe de la misma condición genética natural.

Cuando solíamos tratar el tema de la publicidad subliminal, yo acostumbraba enseñar que si sabes que se están usando elementos subliminales, éstos no te afectan. Por tanto, cada vez que veías un anuncio particular de licor y sabías que la imagen estaba llena de elementos subliminales –cráneos y sexo y cosas que crean una asociación en tu mente inconsciente para que compres dicho licor–, éstos no te afectarían más. De esta forma habrías alertado a tu subconsciente.

Cuanto más capaces seamos de auto-observarnos, de tener una comprensión de lo que nos posee, más capacidad de elección tendremos respecto a él, aunque se trate de un asunto kármico o genético.

Poseído por todo

Resulta fácil hablar acerca de estar poseído por algo; es fácil descubrir la lógica en ello, y fácil resulta también estar de acuerdo con esa lógica. Sin embargo, estar de acuerdo con la validez del principio no significa "saber" que estás poseído. Con el fin de lidiar con las cosas que nos poseen, en verdad, tenemos que sabernos poseídos, no sólo estar de acuerdo con el principio, que es una obviedad. En realidad, tenemos que entrar en relación con lo que nos posee, percatarnos de manera completamente consciente si estamos poseídos o si no lo estamos; si tenemos elección o no, pero no *cualquier* elección. ¿Y cuánta gente quiere comprender eso?

Es bastante fácil aceptar una adicción física y saber que en realidad nos posee. Sin embargo, saber acerca de la posesión es como una caja de Pandora. Una vez que abres el entendimiento a este concepto de "estar poseído por" algo, comienzas a darte cuenta de que todo lo que haces está hecho en función de algún tipo de posesión. Y es una comprensión aterradora. Queremos pensar: "Bueno, sí, tomé algunas cosas de mis padres, algunos hábitos, y es verdad que quisiera ser famoso, pero en la mayor parte estoy muy al mando de las cosas". ¡No! El asunto es que estamos *enteramente* poseídos por varias cosas, hasta que empezamos a desenredarnos de aquellas posesiones.

Existen docenas de cosas por las que estamos poseídos de las que nos resulta muy fácil liberarnos, debido a que, a pesar de que estamos poseídos por ellas, tan pronto como nos demos cuenta de dicha posesión, percibimos lo absurdo de la lógica de aquellas cosas y nos encontramos literalmente fuera, encima y más allá de su control, de manera instantánea. Sin embargo, hay otros niveles de posesión. La posesión se hace más y más profunda. Considera algo tan profundo como ver a nuestros padres como modelos a seguir; todos imitamos a nuestros padres. ¡Eso es profundo! Por fortuna, imitamos también todas las cosas buenas, no sólo las malas, pero imitamos a nuestros padres y Joseph Chilton Pearce dijo que los niños llegarán a ser lo que vean, y lo que los padres esperan de ellos, no lo que se les dice[2].

Que nuestros padres sean modelos a seguir viene desde antes del nacimiento, desde la madre -el niño estaba enganchado a su química. Por lo que decir: "Esto me posee", es cierto e, incluso, conocer sin reservas o dudas la naturaleza de esta posesión constituye la naturaleza de lo que se puede hacer.

Obviamente, entonces, la pregunta es: "¿Cómo podemos pasar del reconocimiento al conocimiento de ello?". Primero, tenemos que identificarlo y reconocerlo. Esto es, de alguna manera, lo que la "afirmación" es. En el trabajo de Arnaud Desjardins se dice "acepta lo que es, tal cual es, aquí y ahora". Si "lo que es, tal cual es, aquí y ahora" es que estamos poseídos por el enojo y que, aunque casi siempre podemos tenerlo controlado, de vez en cuando explota y simplemente se apodera de nosotros: el reconocer la realidad de *eso*, sin juzgarlo, luchar o tratar de dominarlo, inicia en el ser, en la consciencia, algo que será capaz de liberarnos de dicha posesión.

Primero, apúntalo: "Bueno, estoy poseído por la influencia de mis padres". Después, cada vez que te des cuenta -desde lo más burdo a lo más sutil- de cualquier manifestación física, en tus movimientos, tus emociones o tu pensamiento, que provienen de tu madre o de tu padre, inmediatamente reconoces esta identificación o posesión. Puedes reconocerlo diciendo: "¡Ay!, Dios mío, ésta es una de las cosas por las que estoy poseído". Y cuando hacemos esto lo suficiente, nuestro reconocimiento generará algo: mente, alma, espíritu, quién sabe qué, o las bendiciones del linaje o la gracia. El reconocimiento de este estado de ser, *tal cual es*, generará la fuerza necesaria para cambiarlo, si "cambiarlo" significa dirigirse en una dirección saludable, la cual, en el caso de la influencia de los padres, obviamente lo será.

Poseído por la adicción al trabajo

Un participante en el seminario de Lee habló de su obsesión por el trabajo -equivalente a estar poseído por una entidad, como Lee abordó el tema anteriormente. El hombre estaba completamente abrumado por su trabajo, incapaz de liberarse de la obsesión, sintiendo que nunca podría hacer lo suficiente o dar lo suficiente. Él quería dejar su trabajo, pero no podía.

Primero, Lee le sugirió que buscara la causa de la obsesión y, también,

---

2. Reconocido autor y educador, Joseph Chilton Pearce es autor de *The Magical Kid* [*El niño mágico*] (Nueva York: Plume, 1992), entre muchos otros libros.

le sugirió que trabajara en esta cuestión como si fuera un proyecto teatral. Adoptar este modelo resulta útil en muchas otras formas de "posesión".

Lee [dirigiéndose al participante]: ¡No duermes y trabajas veinticuatro horas al día! ¿De dónde pudiste haber sacado la impresión de que no estás haciendo lo suficiente o que nos estás dando lo suficiente? Tal vez quieras examinar este cuestionamiento: "Estoy trabajando al límite de mi energía y capacidad. ¿De dónde viene esta idea de que no trabajo lo suficiente?".

Si surge una respuesta simplista del estilo: "Todavía trato de complacer a mi papá; de ganarme su respeto", o algo obvio, no te detengas ahí asumiendo que has obtenido la respuesta, porque esto resulta muy superficial. En cambio, cada vez que tengas el pensamiento, el sentimiento que estabas describiendo, "el sentimiento de que no puedes parar y de que esto te está manejando", permite que esa emoción te recuerde la pregunta: "¿De dónde viene esto?". "¿De dónde saqué estas ideas?".

Al trabajar tanto como lo estás haciendo, seguramente existe en ti una incapacidad para trazarte límites. Y, como estás trabajando con eso, podrías contemplar todo el asunto como si fuera un proyecto de teatro. Cuando uno entra en escena, entiende que está interpretando un papel y que cuando éste se terminará, uno sale de escena y regresa a la vida ordinaria.

Cuando tienes un proyecto, una tarea que llevar a cabo y te levantas por la mañana, haz lo que necesitas hacer, pero ahora hazlo como si fueras un actor que va al teatro. Ahí pasas todo el día trabajando en la obra y después, al final del día, dejas el teatro y regresas a tu casa. Y, como muchos actores y actrices apasionados con su arte, en casa podrías tener una conversación acerca de aquello en lo que trabajas, ¡pero no llevas el trabajo a casa!

En los Estados Unidos decimos: "Deja tu trabajo en la oficina". Porque mucha gente es adicta al trabajo, simplemente no puede dejarlo en la oficina, especialmente en la era de las computadoras y de internet. Todo lo que necesitas es una toma de corriente a la que conectarte, por lo que ni siquiera necesitas quedarte en la oficina.

Trata de descubrir, sin cavar y cavar, de una manera tranquila y natural, lo que está creando ese impulso. Puedes lograrlo mediante la observación de ti mismo; en esta observación intenta entender de dónde proviene esta relación tan poco natural con el trabajo. Y no querrás continuar con la misma obsesión en tu nueva actividad. No tienes que "lidiar con" tu profesión actual, debido a que suena a que el problema no es la profesión; suena como que el problema está en ti. Como decimos: "A donde vayas, ahí estás". Si vas a cambiar de profesión, para meterte en algo nuevo, no querrás arruinar ese nuevo trabajo con el mismo infierno.

La mente externa cree que si nos metemos en una circunstancia que ejerza menos presión y en una situación totalmente distinta, seremos capaces de relajarnos y todo será diferente. Sin embargo, no será diferente a menos que nosotros seamos diferentes. Por lo tanto, no querrás comenzar con el trabajo nuevo antes de haber logrado un poco de introspección. Tendrás que lidiar contigo mismo y, cuando estés preparado para lidiar con tu profesión, todo lo que necesitarás hacer será cumplir con las responsabilidades que tengas hacia tus clientes y dejar lo demás. Nada más. No necesitas ninguna especie de cierre de tu profesión. Simplemente termina el trabajo con el que te has comprometido y... se acabó.

Mucha gente tiene mecanismos de sabotaje bastante grandes, lo que quiere decir que mucha gente acepta más trabajo del que realmente puede hacer debido a que tiene una gran inversión en el infierno, por razones psicológicas obvias. Por tanto, conforme estés tratando de dejar el empleo anterior, ten claro que una parte de ti realmente odia este trabajo y que quiere hacer algo diferente, pero que otra parte quiere permanecer ahí. Esto podría conducirte a aceptar un encargo importante a largo plazo del que no podrías desprenderte con facilidad. Si continúas aceptando más encargos, al mismo tiempo que planeas dejar tu profesión y buscar algo nuevo, asegúrate de que este nuevo compromiso no sea tan grande ni tan complicado que no puedas salirte de él en cuanto estés listo.

Capítulo 4

Investigación y vacío

La práctica de la investigación consiste en hallar la fuente de la ilusión. La forma de investigación que recomiendo en mi escuela es: "¿A quién le estoy tomando el pelo?", que podría expresarse más o menos así: "¿Quién es víctima de la ilusión?". El que padece la ilusión es el mismo que despierta, es decir, el mismo que ya está despierto, pero que funciona como si estuviera dormido debido a que vive sometido por la ilusión.

Si quitamos la ilusión, descubrimos que estamos despiertos. No tenemos que *hacer* nada para despertar, porque ya lo estamos, pero actuamos como si estuviéramos dormidos por culpa de las ilusiones.

El "quién" y el "yo" en "¿A quién le estoy yo tomando el pelo?" son el mismo. La técnica de investigación consiste en descubrir a ese uno, a ese "yo". El "yo" en realidad se engaña a sí mismo, debido a que en el esquema último de las cosas sólo existe "Uno" que actúa *como si* fuera "unos", separados y distintos, aunque no lo sean. Sólo hay Uno. El "yo" se toma el pelo a sí mismo.

Pero de nuevo, no tenemos que *hacer* la técnica para darnos cuenta de eso a nivel intelectual. Cualquier persona inteligente puede llegar a esa conclusión sin *hacer* nada, sólo pensando en ello durante unos cuantos minutos. Sin embargo, cuando recibes esta técnica, cuando un maestro te explica cómo usarla, es como otorgarle poder a una máquina dándole un operador... dándole una dirección. Es como la diferencia entre encender un automóvil, meter la marcha y dejarlo ir sin conductor o conducir de verdad el automóvil. Como resulta obvio en esta metáfora o analogía –o lo que sea: ¿es una silogía?, ¿un silogismo? o quién sabe lo *que sean* esas cosas (nunca fui bueno en gramática, inglés o francés)– si el automóvil es conducido, quiere decir que está cuidado y que hay un guía. Al contrario, si un automóvil no es conducido, podría entonces, simplemente, estrellarse contra un árbol o contra otro automóvil.

Practicar la investigación bajo la supervisión de un maestro hace que la comprensión del resultado final pase del nivel del lenguaje al nivel del sentimiento. Uno pasa del conocimiento intelectual, al conocimiento emocional, y finalmente a sentir la respuesta. Y debajo del sentimiento está el infinito. ¿Está claro?... *No importa*. La verdadera enseñanza nunca pasa a través del lenguaje verbal. El lenguaje verbal es como un ablandador de carnes: suaviza el sistema para que la enseñanza real pueda penetrar.

Esto no quiere decir que la investigación no sea valiosa o que no pueda fomentar el surgir de varios fenómenos, aunque la lleves a cabo sin la ayuda de un maestro. El peligro consiste (sin embargo, no se trata de un gran peligro) en que puedas llegar a conclusiones que resulten ilusorias, basadas en lo que el proceso hace surgir en ti. Puedes actuar o, incluso, desarrollar un hábito basándote en tus conclusiones erróneas.

La razón por la que lo anterior no resulta terriblemente peligroso radica en que ya estamos llenos de hábitos basados en conclusiones erróneas. Así que, ¿qué daño podría ocasionar uno más? Al mismo tiempo, la naturaleza del peligro consiste en que, en la mente de la gente, esta tecnología parece provenir de una fuente confiable: un maestro espiritual. Cualquiera que sean los resultados obtenidos, derivados del uso de esta técnica, la gente tiende a estar mucho más apegada a ellos que a los hábitos ordinarios.

¡Investiga acerca de todo!

Lo que somos, *tal cual somos*, constituye nuestra puerta a la práctica. No nos hace ningún bien desear ser otra persona. Pero, al mismo tiempo, todo lo que surge cae bajo la misma categoría que es: "no lo que somos". Todo: felicidad, dicha, deleite, sobrecogimiento, así como pesar, culpa, vergüenza, avaricia, rencor, violencia, agresión. Nos gustan las cosas que son agradables y queremos conservarlas; no nos gustan las que resultan desagradables y queremos deshacernos de ellas.

Por consiguiente, al intentar la práctica de la investigación, lo que normalmente hacemos, cuando surge algo incómodo, algo que no nos gusta, es preguntar: "¿Quién soy yo?", porque queremos superar esa incomodidad. Pero cuando surge algo que nos gusta, no lo cuestionamos, pues no queremos destruirlo. Resulta placentero. Lo que pasa con la investigación es que tienes que cuestionarlo todo, sin distinción ni discriminación. De otro modo, obtendrás una visión deformada. De otro modo, aquel que cuestiona es el mismo que mantiene la ilusión. Y, en algún momento, la pregunta tiene que venir de la fuente, de la consciencia, no de la mente, del ego. Pero en el principio, es sólo ego. Sólo contamos con eso para trabajar; por ende, comenzamos con el ego.

Carlos Castaneda decía que don Juan le comentó que nadie entraría al camino del guerrero si supiera lo que le costaría. La gente tiene que ser embaucada. ¿Cómo embaucó don Juan a Carlos Castaneda para que entrara al camino del guerrero? *Drogas.*

Carlos Castaneda era antropólogo y se imaginó a sí mismo escribiendo un libro acerca del uso del peyote entre las tribus indígenas del norte de México; un libro que lo haría muy rico y famoso. No quería entrar en ningún camino. No quería ser guerrero. Sólo quería hacer algo de exploración, escribir un libro importante, llegar a ser rico y famoso y tener mucho sexo. Pero don Juan no era un común tomador de peyote indio. Así que Castaneda empezó a trabajar con don Juan. Hubo mucho peyote, pero después de un tiempo, uno o dos años, se acabó. Entonces fue cuando Castaneda dijo: "Oye, ¿qué te pasa, por qué ya no me das peyote? ¿No vamos a investigar más?". Y don Juan le respondió: "¡Ay, no!, ya no necesitamos eso. Eso es juego de niños. Sólo fue para engancharte. Ahora vamos a llegar al asunto real".

La investigación consiste en cuestionar todo. Siempre empieza con el ego. El ego comienza a preguntar: "¿Quién soy yo?". "¿Quién soy yo?". Y si realmente eres honesto al querer descubrir la respuesta a esa pregunta, muy pronto entenderás que no está funcionando y te preguntarás *¿por qué no está funcionando?* Entonces te vas a dar cuenta de que no funciona porque es el ego el que la está haciendo. Y después dirás: "Bueno, ¿cómo puedo hacerlo de una manera distinta para que resulte efectivo?". Ése es el inicio de la habilidad necesaria para acceder a niveles de consciencia que no sean dominados por la autonomía autoritaria del ego.

Cuando descubres qué es lo que no funciona, obtienes mucho más combustible para el descubrimiento de lo que sí funciona. En la práctica Advaita Vedanta[1] tradicional, una de las formas de practicar consiste en negar todo. Esto se llama *neti, neti*, que significa "esto no, esto no". Con todo lo que percibes dices: "Esto no". La pregunta subyacente es: "¿Qué es real?", o "¿Qué es verdadero?". Por consiguiente, todo lo que piensas, toda emoción que manifiestes, todo lo que sientes, lo percibes y dices: "Esto no". Nada que tenga una definición es real.

Por otra parte, todo es real. Pero no puedes empezar desde esa comprensión. Puedes comenzar asumiendo esa comprensión, pero esto no significa que sea tu verdad. Primero tendrás que descubrir que nada es real, y después podrás comenzar a relacionarte con el mundo desde la base de que todo es real.

¿Por qué hizo Dios las cosas así? ¡Por perversión! Y lo creas o no, ésa *es* la respuesta; nada más profundo que esto. Sin embargo, aquí estamos, y las cosas son, por lo que desear que las cosas sean distintas no cambia nada. Desear, en última instancia, que Dios sea benigno y que cuide personalmente de cada uno de nosotros, no hace que Él sea así. La creación es un interminable volcán en erupción. ¡Tiene un solo propósito: seguir adelante... evolución!

Forma y vacío

En el budismo, existen dos pequeñas frases que son importantes. Una es: "Samsara es nirvana y nirvana es samsara", y la otra, sacada del Sutra del Diamante, es: "La forma es el vacío y el vacío es la forma". Una de las cosas que descubres cuando te investigas a ti mismo es que todos los fenómenos simplemente surgen y se desvanecen sin ninguna razón o propósito. Y que cualquier forma, desglosada en su nivel primario, es en esencia la nada. Todas las apariencias son insustanciales (la física nos dice lo mismo). Por supuesto, tomar consciencia de esto acerca de ti mismo, de tu mente, tu consciencia, tu brillantez... y demás... puede ser muy impactante. Al igual que *"samsara es nirvana"*.

Samsara significa "este mundo", el mundo de las apariencias, y *nirvana* significa "el mundo de la dicha". Comprender que *"samsara es nirvana"* es muy liberador porque te das cuenta de que el cielo no

---

1. Advaita Vedanta: doctrina (basada en las escrituras védicas) de la no-dualidad, enseñada por Sankaracharya (484 E. C.).

está en otro lugar, sino que está *justo aquí* y *ahora*, en este preciso instante. Pero mucha gente se atora a mitad del camino. Se dan cuenta de que "la forma es el vacío" y el impacto de esto es tan alarmante que entran en una especie de estado alterado de consciencia y ahí se quedan. Algunos se vuelven locos, otros se imaginan haberse vuelto maestros espirituales, lo cual resulta ser otra forma de locura y, otros más, simplemente quedan tan impactados por esta comprensión que rechazan todo el aspecto espiritual de la vida y huyen de ella.

Aquellos que se dan cuenta de que "*samsara es nirvana*", normalmente, están tan encantados con la idea que comienzan a actuar como si pudieran hacer todo lo que quisieran porque ya están en el "paraíso" y no habrá ningún castigo. O se convierten en maestros espirituales, imaginando que ya han tenido un despertar completo. Es un viaje muy poderoso.

Sin embargo, esta toma de consciencia constituye sólo el cincuenta por ciento de la fórmula. La otra parte es: "*nirvana es samsara*" y "el vacío es la forma". La mayoría de las personas nunca llega a esto debido a que la primera toma de consciencia resulta tan arrolladora y parece ser tan completa, tan total, que no van más allá. Debemos siempre ir más allá. Siempre hay algo más. ¡Siempre!

Nacemos, morimos y aun así hay algo más. Aunque alcancemos la iluminación, todavía habrá algo más. Si entramos en *samadhi*, hay algo más... siempre hay algo más.

Cuando te das cuenta de que "*el vacío es la forma*", esto también resulta muy impactante. Las apariencias o formas que parecían completamente fugaces y efímeras después de la primera mitad de la comprensión, ahora de repente se convierten en realidad absoluta. Por consiguiente, cuando estás triste en un momento dado, por ejemplo, ya no puedes decir que es una ilusión, debido a que es total y completo y perfecto tal cual es: "el vacío es la forma".

La toma de consciencia completa se manifiesta en muchos sentidos, pero uno de los sentidos en que se manifiesta es que ya no se hace ninguna distinción o separación, ni siquiera acerca del hecho de que la forma está total y enteramente vacía.

¡Y "*nirvana es samsara*" es un plomazo de toma de consciencia, porque te das cuenta de que no hay un paraíso último y de que nunca podrás huir! Esta... esta vida... esta realidad... tal cual es, ¡es! No hay más. ¡Caramba, qué carga! Quiero decir, si estás contento y saludable y todo va estupendo, entonces la cosa no está tan mal. Sin embargo, si vives en el otro lado del espectro, entonces es otra historia. Dices para tus adentros: "¿Esto es todo?", "¿Nunca esto va a mejorar?".

Por supuesto, cada momento es diferente. Por lo tanto, un momento podría ser terrible, el siguiente podría ser extático. De hecho, la manera en la que normalmente funciona es que cuando has tenido una revelación tan revolucionaria y total como esta, el universo tiende a crear fenómenos que resultan muy agradables a tu alrededor. Pero no siempre. Ramana Maharshi[2] tenía cáncer y, cuando estaba muriendo, a menudo se echaba siestecitas y gemía durmiendo. Al despertar, sus cuidadores le preguntaban: "Ay, Maestro, ¿sentía dolor?", "¿estaba sufriendo?".

Él contestaba: "¿Qué sufre?", "¿quién sufre?". Y "¿quién sufre?" es lo mismo que: "¿A quién le estoy tomando el pelo?".

Nuestra lucha es para descubrir esto.

Apóyate en el vacío

El vacío, ¡ésa es la verdad de las cosas!

Cuanto más te abras, más "grande" se hará el vacío. Y si fueras capaz de abrirte totalmente encontrarías un vacío interminable y permanente, porque eso es todo lo que hay. Todo lo demás es ilusión. No hay nada más que vacío, cubierto por la apariencia de las cosas que surgen espontáneamente y se desvanecen sin ninguna relación con la realidad del todo, que es el vacío.

Yo sugeriría entrar "dentro" del vacío, más que buscar algún tipo de experiencia de unión que lo oscureciera. El vacío es la verdad. Todo lo demás es ilusión y la mente encuentra esto represible. La mente quiere que todo "esto" –esta ilusión– tenga sustancia; que sea real, para estar a salvo y segura. La mente quiere que todo esto sea perdurable y confiable. Pero no lo es.

La esencia real de todo es el vacío. No hay nada a qué aferrarse. Sin embargo, el terreno es sólido, y puedes sostenerte en el terreno de tu inteligencia, de tus habilidades, de tu vida, etc. Pero, si fueras a lograr el final del camino –la iluminación, despertar, comprensión, libertad, lo que sea–, entonces el piso, el techo, las paredes desaparecerían y no habría nada más que vacío. Puedes contar con ello.

---

2. Ramana Maharshi (1879-1950) fue un tamil hindú Jivanmukta (maestro iluminado) que alcanzó la liberación espiritual a la edad de dieciséis años. Vivió en las faldas de la montaña sagrada Arunachala, en Tiruvannamalai, al sur de la India. Su enseñanza consiste en la no-dualidad y la forma de indagar que utilizaba y que compartió es la frase: "¿Quién soy yo?".

Entonces ve, entra en el vacío, no importa cuánto miedo surja al entrar en ese proceso. El ego peleará con todas las armas que estén a su disposición: con la depresión, la frustración, la duda, todo. Pero no dejes nada atrás. Ni siquiera guardes un poquito.

✖ ✖ ✖

Participante: *El objeto de mi amor se ha retirado de mí y sigo esperando poder transformar ese amor en Amor para el Amado, pero todavía tengo problemas para soltar el apego personal.*

Lee: Estableciste tu intención correctamente, la cual consiste en ver a través del objeto de tu amor, lo cual es forma y, en última instancia, vacío. Cuando eres capaz de ver a través de *eso*, lo que encuentras del otro lado es lo Divino. Pero, eso no necesariamente ocurre en una semana o en un mes, al menos no de manera estable, aunque, en algunos momentos, podrías experimentar eso.

Una vez que tu intención esté definida de manera adecuada, sigue reafirmándola. No existe una fórmula mecánica para hacerlo, sólo sigue reafirmando la intención y sigue diciendo (con tus palabras): "Necesito que esto recaiga en lo Divino como mi objeto de Amor". Sigue reafirmando *eso*... y ocurrirá cuando tendrá que ocurrir.

De manera coincidente, las luchas para desconectarse de lo personal se encuentran todas en el ámbito de lo psicológico y trabajas en eso al igual que lo harías con cualquier otra circunstancia psicológica: auto-observación y consideración, desenredando los nudos que mantienen los hábitos psicológicos en su lugar. Así que este "desenganche" es una cosa, pero la transferencia de tu atención se encuentra en un dominio totalmente diferente del psicológico. Para eso, tú estableces la intención y sigues pidiendo para que ocurra.

Participante: *¿Trabajar en el campo psicológico tiene alguna relación con el otro campo?*

Lee: Por supuesto. Si toda la atención que está atrapada o envuelta en el nudo se libera, entonces claro que eso va a tener un efecto, un efecto positivo. Estos campos no son iguales, pero están vinculados.

Capítulo 5

Mente neurótica y mente del Trabajo

El siguiente texto apareció por primera vez en el libro As it is, A Year on the Road with A Tantric Teacher *[Tal cual es, un año en el camino con un maestro tántrico], de M.* Young (Prescott, Arizona: Hohm Press, 1999). *El libro registra decenas de conversaciones e intercambios que Lee tuvo con sus alumnos e invitados en el curso de un año, 1999. Debido a su relevancia para el tema de la mente y las emociones, aquí se reedita la distinción que hace Lee entre "mente neurótica y mente del Trabajo".*

Lee: [Carlos] Castaneda escribió acerca de la descripción que don Juan hacía sobre el hecho de que tenemos dos mentes distintas. Carlos pensó durante años que don Juan había dicho: "Hay dos partes en nuestra mente". Y después se dio cuenta de que don Juan había dicho: "Tenemos dos mentes distintas. Y tienes que renunciar a una mente y vivir en la otra". Carlos siguió tratando de lidiar con dos aspectos de la mente y dijo que nunca pudo; era, simplemente, totalmente incapaz de realizar cualquiera de las cosas que había dicho don Juan. Finalmente, cuando comprendió que don Juan había dicho que tenemos dos mentes, y no dos partes de la misma mente, entonces fue cuando realmente comenzó a progresar.

Ésta puede ser una manera útil de ver las cosas. Tenemos lo que podríamos llamar la dinámica de la familia, con todas sus implicaciones neuróticas, la mente del niño o de la niña tomando ciertas decisiones acerca de su mundo o de la realidad, basadas en la inteligencia infantil, en el entendimiento infantil, en las expectativas y proyecciones infantiles. Esa mente crece para ser, como todos sabemos, absolutamente desgastante. Esa mente nos posee. Nos identificamos con ella como si nosotros fuéramos esa mente. Tarde o temprano, en este Trabajo, tendremos que romper con esa mente de manera limpia y definitiva. Tenemos que acabar con ella y con todo lo que significa: todos sus elementos, todas sus identificaciones, esperanzas, sueños, deseos y moralidad. Cada uno de nosotros tiene esa mente, hasta cierto grado, en lo que se refiere a nuestras tendencias políticas. Incluso cuando decimos: "¡Ay!, es terrible, hace apenas una semana se suponía que iba a haber una tregua, pero los serbios entraron a una aldea albanesa y mataron a un montón de gente". Todos tenemos nuestro propio sentido social y político de las cosas y, a menudo, dicho sentido es humanista, es muy magnánimo, generoso y, quizá, hasta compasivo. Pero todos y cada uno de los elementos de esa mente tienen que ser eliminados. Tenemos, literalmente, que dejar de funcionar a partir del contexto de esa mente.

Y, después, existe la otra mente, aquella que ve la realidad *tal cual es*: sin proyecciones ni expectativas ni subjetividad. Ésta es la mente que percibe la realidad simplemente como es, momento tras momento. Esta mente contiene seguramente su conjunto completo de sentimientos –se escandaliza con las injusticias sociales, etc.–, sin embargo, esta mente tiene un contexto completamente distinto al de la mente de nuestra estrategia original de supervivencia. Podría decirse que este Trabajo consiste en ir más allá de la primera mente para echar raíz y habitar en la segunda, que es la mente de la realidad objetiva, la mente de la claridad, de la verdad, la mente de lo Divino. Éste es el dilema que todos enfrentamos, de una u otra manera...

El secreto de lidiar con la demanda de este Trabajo radica en ser capaces de reconocer, en cualquier circunstancia, lo que el espacio o la circunstancia requieren –objetivamente, por supuesto. La demanda podría ser, simplemente, estar en meditación cada mañana a las siete, o tan sólo preparar una cena que todo el mundo en el ashram o en la casa encuentre sana y nutritiva. Podría ser cualquier cosa dependiendo del momento. La demanda podría ser un espacio de seguridad y un santuario para nuestra pareja...

Por lo tanto, siempre hay una demanda del Trabajo, ya sea una sencilla tarea personal y cotidiana que se nos haya asignado o cualquier otra cosa. El Trabajo radica en reconocer cuál de las dos mentes domina nuestra consciencia en cada momento. Con el tiempo, el objetivo consiste en minimizar la primera mente, la mente neurótica, y en maximizar la segunda, la mente de la unidad, claridad, verdad.

El Trabajo irá minando, minando, minando la primera mente, pero en cierto punto, la mayoría de nosotros seremos arrojados a consideraciones profundas en verdad, en las cuales habrá sólo dos opciones. Las opciones resultarán tan intensas que nos veremos forzados a verlas con claridad y reconocer el grado en el que la mente neurótica nos domina y controla. Siempre hay sólo dos opciones y siempre son: las opciones de la mente neurótica y aquellas de la mente despierta, la mente del Trabajo. En realidad, ésa es una buena frase para eso. Existe la mente neurótica y la mente del Trabajo; ésas son siempre las dos únicas opciones.

El Trabajo, a menudo, nos coloca en situaciones que nos obligan a ver hasta qué grado no somos libres, a ver que no tenemos opción debido al control que ejerce sobre nosotros la primera mente. Y entonces nos tenemos que preguntar: ¿Queremos ser libres? ¿Queremos la opción que representa la libertad? La respuesta siempre es sí, y entonces esta opción se vuelve clara. Sin embargo, para elegir la opción de la mente del Trabajo tendremos que estar dispuestos a arrancarnos de las garras y fauces de la mente neurótica. Eso es algo muy difícil de hacer debido a que no hay confort en la mente del Trabajo. De ningún tipo. No hay confort en la mente del Trabajo debido a que no siempre podemos elegir los diferentes tipos de confort que niegan el Trabajo si vamos más allá de la mente neurótica. Todo lo que la mente neurótica hace es separarnos de la realidad, de la verdad. Por consiguiente, para realmente hacer dicha elección, la intensidad de la demanda, en cada lado, tiene que ser lo suficientemente grande como para ver lo que estamos preparados para hacer. Vemos cuál es la opción. Cuando la intensidad es tal que no puedes negar la muerte de la mente neurótica y la vida y libertad de la mente del Trabajo, entonces te encontrarás en una posición en la que podrás dar un paso adelante.

Con frecuencia hacemos una elección que resulta buena según una cierta idea moral, pero en realidad no la *sentimos*. Y al no sentir realmente, no vemos. No vemos la naturaleza de la mente. Puede que hagamos la elección correcta, pero la habremos hecho por obligación, o, incluso, por amor al maestro, lo cual es maravilloso. Pero todavía no vemos. Cuando somos arrojados a una situación en la cual la intensidad de la elección es tan grande que el sufrimiento de la mente neurótica nos aplasta, entonces es tal el dolor que nos vemos forzados a hacer una elección. La elección de la libertad nos obliga a ver los elementos de la mente neurótica y de la mente libre. Estamos forzados a ver que estamos absoluta y completamente carentes de opciones cuando nuestra psicología nos domina, y el impacto de esto es lo que nos impulsa a elegir la mente del Trabajo.

Una de las razones por las que no siempre elegimos la práctica radica en que creemos que tenemos opción. Sí, somos neuróticos. Todo el mundo es neurótico, pero, en realidad, inconscientemente, creemos que tenemos la capacidad de elegir: dejar de fumar o volver a empezar a fumar sin llegar a ser adicto de nuevo, o esto o aquello o lo que sea. Realmente no reconocemos el hecho de que no tenemos elección. Estamos totalmente esclavizados por la mente neurótica: cada aliento, cada palabra que sale de nuestras bocas, cada gesto. No podríamos ser libres ni siquiera si nuestras vidas, o las vidas de nuestros hijos, dependieran de ello. No *podríamos*. No tenemos opciones: no podemos ser libres. No podemos hacer la elección consciente. No podemos hacer un gesto libre. Cuando entendemos eso, el horror y el disgusto son tan aplastantes que nos vemos forzados a elegir la mente del Trabajo. Pero nunca lo veremos con claridad si no somos forzados por circunstancias que nos rebasen, que generen una intensidad, una crisis dentro de nosotros, que acaba produciendo ese tipo de visión.

E. J. Gold respondió una vez a la pregunta "¿cómo llegaste al Trabajo?" diciendo: "No tenía nada más por lo que vivir". Así de dramáticas tienen que ser las circunstancias para que nos fuercen a elegir el Trabajo de manera consciente. A veces, muchos de nosotros hacemos declaraciones como: "No puedo dejar el Trabajo". Está bien, puede que eso sea verdad, pero todavía hay muchos momentos en los cuales no elegimos el Trabajo, en los cuales somos flojos. Queremos vivir porque tenemos la idea de que el futuro tiene algo reservado para nosotros: amor, éxito, satisfacción, paz y bla, bla, bla. Pero así como somos resulta literalmente imposible hacer realidad cualquier cosa que esperemos por parte del maestro, del camino o de la vida misma. E. J. Gold se dio cuenta de que no le quedaba nada por lo que vivir y en ese momento eligió el Trabajo. Cuando tienes ese tipo de comprensión, cuando eliges el Trabajo, no puedes permitirte el lujo de vivir ni un minuto de flojera. No puedes permitirte el lujo de vivir lleno de toxinas. No puedes permitirte el lujo de cerrar los ojos. No puedes abandonar la vigilancia. No puedes permitirte el lujo de separarte del Trabajo, ni siquiera por un momento de confort.

En última instancia, este Trabajo está diseñado para arrojarnos a todos y cada uno hacia una crisis tan honda y tan profunda que haga añicos nuestra mente, como para que nunca nos recuperemos. Ésta es la comprensión a la que llegamos: que, tal como somos, como seres mecánicos, la libertad es imposible. Sólo hay una opción: es el Trabajo, y el Trabajo no espera. El Trabajo se mueve y si podemos movernos con él, nos honrará, nos alimentará y cuidará de nosotros. Si no queremos movernos con él, nos aplastará debajo de su talón, sin remordimiento ni sentimentalismo.

Tarde o temprano, cada uno de nosotros será arrojado a dicho conflicto. Este conflicto está diseñado para producir libertad, y quizá seamos arrojados a él varias veces, porque no hemos entendido. La primera vez efectuamos un pequeño cambio, y la segunda vez otro. Es verdad, la *sangha* establece vínculos afectivos más profundos y llegamos a querernos entre todos. Llegamos a querer a nuestra pareja más que a nuestra propia vida, amamos a nuestros hijos más que a nuestra propia vida. Nos encontramos algunas veces en situaciones donde las cosas que hemos buscado siempre en la vida -el corazón anhelante, la dulzura, la ternura y el afecto- están todas ahí, pero todo eso sólo es la guinda del pastel. Este Trabajo no está diseñado para producir satisfacción mundana: amor, ternura, devoción. Está diseñado para producir libertad y, en la libertad, podemos amar de manera profunda, sagrada y honda.

Podemos ser catapultados hacia estados trascendentales que pueden durar meses, a través de una simple mirada entre una persona y otra. Sin embargo, ésos son los *efectos* de la libertad, no constituyen la intención del Trabajo. La intención del Trabajo es producir libertad en nosotros. Sólo hay una manera de producir libertad en nosotros y ésa es elegir la mente del Trabajo en lugar de la mente neurótica. Tiene que ser una elección consciente y la única manera de que alguna vez hagamos una elección consciente, enteramente consciente, radica en ver a la mente neurótica en su totalidad, en su muerte. Verla como es: vacía de toda sustancia, vacía de toda posibilidad, vacía de toda creatividad, vacía de todo sentimiento genuino, humano, vacía de corazón, vacía de mente, vacía de todo, excepto de sus propios ímpetus mecánicos de supervivencia. Eso es. Hasta que la veamos de esa manera, hasta que veamos nuestra vida, el amor a nuestros padres, nuestro impulso de satisfacción sexual, nuestro gusto por la comida de primera calidad, nuestro amor a la buena música; hasta que veamos todo esto como nada, absolutamente *nada*; hasta que veamos nuestra esclavitud mecánica, muerta y total ante la mente neurótica, nunca elegiremos el Trabajo de modo que nos permita ser, conscientemente, el tipo de guerrero que describe Castaneda.[1]

✖ ✖ ✖

Elegir la mente del Trabajo

La siguiente pregunta fue hecha a Lee en diciembre de 2001:

Participante: *¿Cómo elige uno la mente del Trabajo en vez de la mente neurótica?*

Lee: Algunas veces, nuestra claridad es tan grande que la mente del Trabajo resulta obvia. Entonces, somos llevados por esa claridad. Cuando la mente neurótica se reafirma a sí misma, estamos llamados a recordar la claridad con la que elegimos el Trabajo. Tenemos que recordar y actuar sobre eso, a pesar de la resistencia, hasta que rompamos el hábito de la mente neurótica. Entonces, en cierto punto, la mente del Trabajo predomina y llega a ser más fácil permanecer ahí. Eso puede tardar unos cuantos segundos, o vidas enteras, debido a que algunas personas tienen una masa más grande con la que lidiar. Sigue estableciendo la intención, sigue avanzando. Pero no te dejes atrapar dramatizando los fracasos. La Mente del Trabajo es la que sirve a la evolución más allá y en contra del propio mecanismo de supervivencia de uno.

---

1. Young, M., *As It Is: A Year on the Road with a Tantric Master* [*Tal cual es, un año en el camino con un maestro tántrico*], Prescott, Arizona, Hohm Press, 2000, págs. 154-157.

Capítulo 6

El pensamiento conceptual y la mente que se aferra

Bob Dylan dijo: "Para vivir fuera de la ley, debes ser honesto". ¡Caramba! Cada vez que escucho esto experimento un momento de dicha. Tengo una cierta propensión para las frases que parecen paradójicas y no trato de entenderlas. El asunto es que la paradoja es una obsesión de la mente. En la realidad, en el Universo, no existe la paradoja.

El crítico musical del *New York Times* dijo que ninguno de los discos de Bob Dylan era tan bueno como una sola de las canciones del disco y que ninguna de las canciones era tan buena como una línea de la canción. Y Bob Dylan lo sabe. Lo he idolatrado durante cuarenta años; y no entiendo por qué. Me llevó cuarenta años captar la manera obvia en la que trabaja, que es: "Bastante bueno es bastante bueno". Bob Dylan es un genio. Sabe que el crítico del *New York Times* dice la verdad. Pero está ocupado haciendo el artista y no puede perder el tiempo asegurándose de que cada línea sea tan buena como aquellas líneas perfectas.

Cuando algo -como esta declaración de Dylan- realmente nos para en seco por un momento, decimos que deja la mente "helada". Cada vez que esto ocurre, resulta útil. Porque nos da una pausa, aunque sea sólo por un instante, respecto al control absoluto que nuestra mecanicidad ejerce sobre nosotros. E, incluso, aunque no lo pensemos así de momento, cada vez que algo nos detiene por un segundo, por un instante, ocurre algo muy valioso: tenemos un instante de realidad, aunque no lo sepamos. No estamos conscientes de ello en absoluto. Pero el cuerpo sí lo sabe.

Camille Paglia –otra de mis heroínas contemporáneas, escritora, pensadora y ser humano fantástico– es maestra en una universidad e imparte un curso sobre Bob Dylan. Dice que cuando los grandes artistas crean, la mayor parte del tiempo no saben lo que están haciendo. Saben que están creando gran arte, pero los detalles no son importantes. Ella dijo: "Si Bob Dylan viniera aquí, se sentara en una de mis clases y escuchara el modo en el que yo interpreto su lenguaje, diría: 'Eso es una locura. No estaba pensando eso cuando escribí la canción. Sólo la escribí'". Incluso, de algún modo, a través de una arbitrariedad del destino, un artista, músico, pintor, escultor, bailarín o un artista marcial produce algo que tiene su origen en otro lugar y digamos –para evitar confusiones en aquellos que creen que me refiero a extraterrestres– que viene del Absoluto. Y aquellas cosas, sean lo que sean, tienen un cierto brillo.

Ser conmovido

A menudo, cuando surge una respuesta orgánica hacia algo, siendo criaturas pensantes, tenemos la perniciosa necesidad de entender todo de manera racional. Algunas veces las personas entran al espacio del Bazar Sagrado,[1] o caminan en la propiedad de Hauteville y empiezan a llorar. Resulta un poco penoso y suelen preguntarse a sí mismos: "¿Qué está pasando?", "¿Qué está sucediendo?".

Cuando respondemos en un nivel orgánico a las enseñanzas, a otra gente, a objetos bellos, a la música, quizá no tengamos una explicación lineal o racional para explicar la intensidad de nuestra respuesta. Aun cuando estemos sintiendo *algo* –tal vez sea música–, muchas veces escuchamos y decimos: "Es una locura, debo de estar inventándolo". Pero si le damos credibilidad a nuestra respuesta, siempre cosecharemos los beneficios de aquella influencia a la cual hemos tenido acceso.

La gente también me cuenta sus sueños. Dice: "Tuve este sueño. No sé qué significa. Es un poco inquietante. ¿Puedes ayudarme a entenderlo?". Si siento que el sueño constituye una indicación positiva, mi respuesta es: "Me *parece* que es un buen sueño. No necesitas cuestionarlo. No necesitas entenderlo. La influencia resulta positiva.

---

1. El Bazar Sagrado es el nombre que Lee ha dado a una vasta colección de arte sagrado y artefactos que ha acumulado durante muchos años y que expone y vende en varios programas y seminarios a lo largo de sus viajes por todo el mundo.

Sólo acéptalo. Y sólo deja que su influencia trabaje; no te preocupes de los detalles". Aunque alguien dijo: "Dios está en los detalles". Lo cual es cierto... pero en un contexto diferente.

Para mí, la respuesta es suficiente. ¡Conmoverse, ser tocado, ésa es la cuestión! No me importan los componentes intelectuales, o racionales que rodean esto. Sólo quiero conmoverme. Si me afecta, estoy feliz. No necesito saber de dónde viene, por qué, ni qué significa, ni a dónde va, debido a que nuestro ser es inteligente, en última instancia usará todo lo que le resulte útil.

Por tanto, en eso confío: ¡en conmoverme! Y si mi mente va acorde con eso y entiende, estupendo, en cierto modo sería un extra. Pero si no, no importa mucho, debido a que el ser va a aprovechar cualquier alimento que se le ofrezca que sea nutritivo.

La mente no-conceptual

Una de las maneras en las que podemos darnos cuenta de que nos encontramos en lo no-conceptual consiste en reconocer cuándo estamos en lo conceptual –esto es, cuando estamos encarcelados por nuestro pensamiento convencional– es decir, básicamente, todo el tiempo. Esta "mente" resulta tan habitual que no la reconocemos ni la definimos como tal. Tan sólo la aceptamos, sin pensar, sin consideración, ni investigación. Lo que recomienda la enseñanza Vajrayana[2] –además de una práctica extrema de rezo, que incluye postraciones, mantras y *puja*– es una investigación profunda de nuestro comportamiento habitual como técnica para distinguir el dharma no-conceptual[3] de nuestro comportamiento ordinario.

Nuestro comportamiento ordinario está completamente permeado por el pensamiento conceptual. Una de mis alumnas se dio cuenta de eso recientemente; vio que en los peores conflictos que había tenido con la gente, no había manera de salir más que dando un paso adelante. Se acordó de lo que he dicho durante años –que

2. Lee ha estado leyendo a sus alumnos el libro *Dakini's Warm Breath: The Feminine Principle in Tibetan Buddhism* [*El aliento cálido de Dakini: el principio femenino en el budismo tibetano*], de Judith Simmer-Brown, Boston, Massachusetts, Shambala Publishers, 2002.
3. Un dharma conceptual (doctrinas o enseñanzas) se puede estudiar en libros y se puede discutir y cuestionar con nuestros maestros y otros miembros de la *sangha*. Hay también un enorme dharma "no-conceptual" que no es fácil de definir. Para los alumnos y los devotos en la tradición en la que enseña Lee, podría incluir desde nuestras experiencias internas de devoción ante la presencia del maestro, el contenido de nuestros sueños, nuestras observaciones de la manera en la cual el maestro se mueve o nos habla, hasta los modos en los que nos encontramos a nosotros mismos movidos espontáneamente por fuerzas que parecen ir más allá de nuestro control.

no importa quién tenga la razón y quién no la tenga. Se acordó de preguntarse a sí misma: "¿Quieres tener la razón o quieres estar libre de ese reino infernal?". "Porque –dijo ella– tener la razón es sólo otro infierno y nada creativo puede salir de ahí".

Namkhai Norbu[4] dice que el budismo vajrayana está diseñado para proporcionarte prácticas que resulten realistas para el ser humano común. En otras palabras, no puedes comenzar por el reino de Buda; tienes que empezar por donde estás. Si practicas con suficiente diligencia, entonces tu relación con el dharma conceptual se vuelve más y más refinada, hasta que llega a ser tan refinada que resulta inasible; será entonces cuando realmente estés llegando a algo. Ésos son los niveles de práctica más elevados.

Lo que te permite "estar en el mundo, pero no ser del mundo" es tu disposición para considerar el dharma como lo más importante de lo que haces con tu mente, más que ocuparlo con todas las películas, estrellas de cine, figuras del deporte, o con el arte por el que te sientas atraído, o las novelas pornográficas que tanto te gusta leer o cualquier otra cosa que normalmente haces con tu mente. Lo que esto significa es que quieres amar el dharma, estudiarlo, hablar de él, vivirlo y practicarlo. Tu vida se convierte en un satélite de la vida del camino, según el tipo de fuerza de gravedad que el camino ejerce sobre ti. ¡El dharma realmente te atrapa!

Dharma Dharma Dharma

La única manera de refinar lo conceptual, al punto que se vuelva tan refinado que casi no puedas aferrarlo, es considerando el dharma. Por eso en el budismo se hace un tremendo énfasis en el dharma, dharma, dharma. Hay tanto estudio, tanto debate, porque así refinarás lo conceptual. No refinarás lo conceptual a través de la filosofía. Refinas lo conceptual únicamente a través del refinamiento de lo conceptual.

La práctica te da básicamente el fundamento y la disciplina para ser capaz de seguir estando alerta, para permanecer enfocado en el dharma, en lugar de caer en el reino infernal y leer las biografías

---

4. Chögyal Namkhai Norbu es fundador y guía de la Comunidad Dzogchen, una fundación del budismo tibetano. Ha vivido en Occidente desde 1960 y es autor de muchos libros.

de Kobe Bryant[5] o de Mike Tyson[6], sin importar lo fascinantes que puedan resultar.

La gente me dice que, a menudo, se involucra con ese tipo de material con la idea de que pueden sacarle algún provecho o valor para su trabajo. Hay algo de cierto en eso, a condición no te dejes enganchar y fascinar por ello. Tan pronto como tengamos, por ejemplo en relación con Kobe Bryant, un pensamiento del tipo: "Bueno, por supuesto que cuando le das a un tipo de veinte años todo aquel poder y dinero...", perdemos por completo cualquier relación posible con el tema que hubiera podido tener valor para el trabajo.

Si escuchas la mayoría de las discusiones sobre el arte –como las que suceden en las películas, que supongo son diseñadas para ser satíricas, en cierto sentido–, hay tanto juego intelectual de por medio que, aunque los propios conceptos pudieran abrir en cierto momento una ventana hacia algo útil, la mente y/o el intelecto lo impiden. Nos enamoramos por completo de las cumbres alcanzadas por nuestro razonamiento intelectual.

Obviamente, uno de los peligros de practicar un camino tántrico[7] sin tener antes cierto grado de estabilidad en los caminos básicos,[8] consiste en que –aunque tengas un sentido de la posibilidad que subyace debajo de cualquier experiencia, conversación, estado de ánimo– no tienes el refinamiento suficiente para reconocer cómo los deseos y apegos enmascaran totalmente la posibilidad de utilizar esas vías de acceso.

Por tanto, uno hace una declaración del tipo: "Éste es trabajo tántrico, por lo que cualquier experiencia resulta útil". Bueno, sí, ésa es una verdad esencial, pero no sabemos que cualquier experiencia es útil. No hemos alcanzado todavía a entender hasta qué grado estamos completamente bajo el dominio de la mente más baja o de la emoción. Hasta que no definamos *eso*, y lleguemos realmente a un arreglo viable con ello, no podremos en absoluto practicar el tantra.

---

5. Kobe Bryant: estrella contemporánea de la Asociación Nacional de Baloncesto (NBA, por sus siglas en inglés) de Estados Unidos, muy bien remunerado y conocido por su comportamiento extremo.
6. Mike Tyson: ex campeón mundial de boxeo, de pesos pesados.
7. Camino tántrico: una forma avanzada de práctica, caracterizada por el no rechazo de las cosas. No hay que confundirlo con el entendimiento popular limitado del tantra como yoga sexual.
8. Caminos básicos: Lee se refiere aquí a los caminos Hinayana y Mahayana.

La mente que se aferra

Llegar a un arreglo viable con la comprensión de nuestra mente significa que, conforme nuestra vida nos provee de oportunidades, nos damos cuenta de cómo nos aferramos –ya sea al territorio, a la compañía, a la no-compañía, a la intimidad, a la soledad, al dinero, a las cosas materiales, al confort, o incluso a la comida orgánica *versus* la comida inorgánica. Podría ser algo muy saludable. Pero cualquier apego mina nuestro trabajo. Si no nos damos cuenta de cómo estamos apegados, no podremos nunca practicar el tantra.

Habitualmente, en el transcurso de nuestra vida, a diario, tenemos una gran cantidad de oportunidades para reconocer el apego. Por ejemplo, un día estábamos en la oficina y un coche de la policía venía bajando la cuesta en nuestra propiedad. Alguien dijo: "¡Hay un coche de la policía en la propiedad!". Miré afuera, y ahí estaba, con sus luces intermitentes. Tan sólo asumí que estaban buscando una casa y, al no conocer el lugar, se habían equivocado de entrada. Sin embargo, todos aquellos que vieron esa patrulla, pudieron observar el impacto que había generado en sus cuerpos y fijarse en la reacción de su mente: "¡Hay una patrulla en *nuestra* propiedad!". Llegamos a estar implicados personalmente. Pensamos: "¿Para qué *está* aquí?". La primera cosa que pensamos es: "Están atacando al culto". (Ésa es la primera cosa que *yo* pienso, no la primera cosa que "nosotros" pensamos. No soy tan inocente.)

Necesitamos ver nuestro apego para que nos deje en paz; nuestro apego a la seguridad, al santuario, a la seguridad en el sentido más mundano, ni siquiera en el sentido espiritual, sino simplemente a nivel personal. Necesitamos notar esta corriente de energía que sube por la columna vertebral cuando vemos una patrulla de la policía en nuestra propiedad, ¡o *lo que sea*! Como oír el aullido de perros quemándose.[9] Y después, oír el disparo. Por una parte, el alivio de que el perro hubiera muerto. Pero, por otra parte, el pensamiento: "Ese tío mató a su propio perro".

Necesitamos ver nuestro apego en relación a las armas de fuego... a dispararle a una mascota que amamos... o a cualquier cosa que pudiera suceder. Incluso, en un momento de alivio, existe la posibilidad de ver qué hace la mente, a qué se aferra. Sin mencionar a lo

---

9. Durante un incendio reciente en la propiedad colindante al ashram de Lee en Arizona, unos perros se quedaron atrapados en el interior de un edificio en llamas.

que nos aferramos en una situación económica difícil, una situación de salud difícil o una situación sexual difícil.

No sé cómo será para otras personas en cuanto al aspecto sexual y, de todos modos, en general, no tengo tanta experiencia. Sin embargo, como hombre inseguro, mi experiencia es que no importa cuántas veces "funcione" el sexo. No importa cuántas veces resulte fabuloso. No importa cuántas veces haya una retroalimentación positiva (creo que eso ha ocurrido una sola vez en mi vida, cuando alguien en realidad dijo: "¡Caramba!, eso fue grandioso"). Puede haber cinco años de fantástico heroísmo sexual y una noche, cuando algo no funcione (¿adivina qué es ese *algo*?), todos los viejos miedos, todas las viejas inseguridades, se presentan de nuevo. Es como si nunca hubieras tenido un encuentro exitoso, de la manera en la que cada quien define el *sexo*. Tan sólo *llegar* a la jodida cosa resulta un éxito para mí. Con sólo llegar al "otro lado".

¡Ésa es la mente que se aferra! No importa en absoluto cuánta retroalimentación, cuánto éxito, cuánto... lo que sea, obtengamos. Cuando hay apego, ese apego se esconderá y tan pronto tenga la oportunidad, saldrá a la luz de nuevo.

¿Qué me fascina?

Practicar, practicar y practicar debilita el músculo del apego. Si practicas con suficiente diligencia, entonces, el apego surge pero, literalmente, no tiene fuerza. No tiene agarre. Entonces podrás seguir con una práctica más elevada.

El modo en el que tienes que practicar es: regresar tu mente al dharma todo el tiempo, aun cuando la gente a tu alrededor esté hablando de una figura famosa del deporte o de los premios Óscar o de alguna estrella de cine. Bien, pero tampoco querrás ser un aguafiestas en cada conversación; ni que cada vez que te acerques a un grupo todos te den la espalda. Cuando te encuentres en una conversación mundana, en lugar de decir: "¡Ah!, discutamos el dharma de Buda", lo que tienes que hacer es indagar sobre aquella parte de la conversación que dramatiza tu apego. ¿Es el hecho de que algún jugador de baloncesto gane veinte millones de dólares al año y que tan sólo sea un chaval? ¿Es el hecho de que a cada lugar donde el va las mujeres revolotean por todos lados y quieren ir a la cama con él? ¿Es el hecho de que sea un instrumento de precisión atlética?

¿Quieres oír más detalles sobre cómo alguien surgió de un gueto y ahora les ha dado a sus padres casas y automóviles nuevos? ¿De cómo les está pagando la universidad a todos sus hermanos? *Sea lo que sea.* Pon atención en dónde y cómo te aferras en la conversación. Así es como haces uso de ella.

La práctica significa escarbar hasta la raíz en nuestra motivación para disfrutar la conversación, si la conversación está más allá del simple compromiso social, lo cual es el caso habitualmente. "¿Dónde está mi apego?". Es así como regresas tu mente al dharma. Tomas cualquier circunstancia en la que te encuentres y regresas al dharma: "Si puedo descubrir las raíces de mi apego, entonces tengo la oportunidad de cortarlo desde la raíz, en lugar de sólo cortar el retoño". Sabes que si podas las flores en el brote, crecerán más flores. Hay un tallo, podas el brote y crecen dos tallos. Poda ambos brotes y crecerán cuatro tallos. Y antes de que lo sepas, tendrás muchas flores nacidas de esa planta, a partir de una sola flor.

Si podamos nuestros deseos en el brote todo lo que tendremos serán más deseos. Si llegamos a la raíz, entonces tendremos la oportunidad de entrar en una práctica más sustancial. Así es como transformamos cualquier cosa en dharma. Investigamos nuestro propio jardín interior relativo al dharma.

No tenemos que agregar conceptos budistas o palabras en sánscrito. En términos muy sencillos, estamos educados para interesarnos de lo que sucede a cada momento; nos enfocamos en: "¿Qué estoy realmente haciendo ahora?". "¿A qué me estoy aferrando?". "¿A qué me engancho emocionalmente?". "¿Cuál es mi motivo?". "¿Qué gano con esto?". Cuando vemos eso en nosotros mismos, no necesitamos compartir nuestras brillantes introspecciones con todos los miembros del grupo. Dejamos que la conversación siga y *llevamos* nuestras mentes al refugio del dharma. Pero eso requiere de una tremenda disciplina. ¿Por qué? Porque nos distraemos y fascinamos con mucha facilidad; completamente perdidos en el mundo de nuestros apegos. Por tanto, nos preguntamos: ¿Qué me fascina particularmente de esa historia? ¿Estoy viviendo a través de otro? ¿Es ése *mi* sueño de fama?

Hablando de un sueño de fama... mira a David Bowie, por ejemplo, quien hace varios años ni siquiera podía conseguir un contrato para grabar un disco. *¡David Bowie!* Una de las figuras estelares de la música del siglo veinte y no podía conseguir un contrato para grabar un disco. ¡*Ah, Dios mío!* Los otros músicos y yo podemos ver eso y decir: "Por lo menos él tuvo su oportunidad. Bien, estamos todos en el mismo lugar: él busca un contrato de grabación y nosotros buscamos un contrato de grabación". ¡Sí, pero él es David Bowie! Él está buscando un contrato de grabación *después* de una carrera deslumbrante, después de haber logrado fama y fortuna inconcebibles. Nosotros no hemos tenido nuestra oportunidad y además nos estamos haciendo algo viejos para eso.

Quien quiera que seamos, la pregunta es: ¿Cuál es mi fascinación personal en una historia? ¿Dónde está el apego? Y miramos las raíces de eso: ¿Qué estoy buscando realmente? ¿Es *de verdad* fama lo que busco, o es simple aceptación, amor, reconocimiento, consideración, respeto? Tenemos que seguir escarbando para llegar a las raíces de nuestro deseo. Porque en las mismísimas raíces del deseo, del apego, también se encuentra la realidad del surgimiento espontáneo interdependiente.[10]

Sigue refinando, refinando, refinando, y te acercarás más, más y más. Y, en cierto momento, habrás llegado. Y entonces preguntarás: "¡Ah, Dios mío! Pero, ¿qué *es* la realidad?". Porque habrás refinado todo hasta el punto en el que comprenderás que todas aquellas cosas que creías sustanciales son en realidad vacías.

Trabajar con la mente confundida

Participante: *He estado atravesando el caos a nivel afectivo. Me siento de veras muy confundido.*

Lee: ¿Cuál es tu profesión?

Participante: *Abogado.*

Lee: ¿Un abogado que admite estar confundido? No lo creo.

Participante: *Hay un cambio de dirección en relación con mi trabajo; hay elecciones que debo hacer y no veo la situación con claridad como para elegir correctamente.*

Lee: Hay este fenómeno chistoso: muchos de mis alumnos son terapeutas y todos tienen los mismos problemas que sus clientes, entonces me traen sus problemas a mí. Y me explican el problema y les digo algo así al respecto: "Si fueras un cliente que llegara a ti con este problema, ¿cómo lo manejarías?". Y siempre saben exactamente

---

10. El "surgimiento espontáneo interdependiente" es la comprensión de que todo es interdependiente; de que ninguna persona o evento resulta independiente de todo lo demás.

cómo manejar el problema con el cliente, aunque de alguna manera no aplican ese conocimiento a sí mismos.

Si te es difícil elegir con claridad, simplemente trata cada elección que tengas que hacer como si fuera un caso legal y, siendo abogado (probablemente un abogado muy agudo y perceptivo), la respuesta será obvia, rápida. Intenta hacer eso.

Participante: *Hay una frontera sutil, para mí, entre esperar algo y llevar a cabo la acción correcta. ¿Cómo decidir?*

Lee: Cuando la mente está tratando de entender eso, entonces, en el mejor de los casos, cualquier decisión va a ser una conjetura educada. Porque la mente tendrá más o menos información sobre la situación, o más o menos introspección respecto a las causas y consecuencias y hacia todo el entorno que la rodea.

Podrás tener mucho éxito haciendo conjeturas cultas y podrás elegir correctamente, sólo porque eres bueno para hacer dicho tipo de conjeturas. Sin embargo, si quieres que las decisiones sean una función de la realidad entonces tendrás que aceptar la inmersión en la realidad. Por tanto, "acoge sin agarrarte"[11] y la realidad tomará la decisión correcta, en el momento correcto, en el lugar correcto. Podrás sentir que *tú* estás tomando la decisión, pero, realmente, es la realidad quien está tomándola.

Por tanto, regresamos una vez más a la práctica.

Dejar ir

Participante: *Entendí, a través de mi maestro espiritual, que uno "suelta" algo cuando se es lo suficientemente maduro, cuando se está preparado, cuando es lo correcto.*

Lee: Bob Dylan dijo: "La nostalgia es la muerte". Hay una diferencia entre la nostalgia, que es mantener el apego después de que el asunto se terminó, y tener el recuerdo, lleno de dulzura y ternura, de algo.

Es cierto que un practicante maduro, una persona madura, es capaz de dejar ir, pero no puedes borrar tu memoria o no querrás hacerlo. Dejar ir tiene que ver, en primer lugar, con la acción y después con mantener el nuevo espacio en el que te encuentras con madurez y sensibilidad.

---

11. "Acoge sin agarrar" es una frase utilizada por Arnaud Desjardins, que refleja la enseñanza de su maestro Swami Prajñanpad. Se refiere al estado de ánimo en el cual uno es receptivo sin aferrarse a nada.

Recuerdo a Arnaud Desjardins hablándome sobre la primera vez que fue a la India. Era entonces un hombre joven con una gran cámara de filmar y una nueva familia: una esposa y un bebé. Un día se subió a su Land Rover y cruzó Europa de un extremo a otro. Hablaba de ese viaje con tanta maravilla: "¡Qué aventura, qué gran cosa hicimos! Entonces éramos jóvenes". Había un tremendo placer en esa experiencia del pasado, pero ningún apego hacia ella.

Con Arnaud Desjardins también había un igual placer en la experiencia del presente. Así que si, por ejemplo, tienes una casa que amas y sientes nostalgia de dejarla, podrás estar igualmente enamorado del siguiente lugar en el que vivas, al igual que lo estuviste con la casa original. No es que una sustituya a la otra. La primera casa siempre tendrá un lugar en tu vida, en tu experiencia.

No se trata tanto del apego como de mantenerse en el apego y tratar de hacerlo eterno. Si permites que el pasado sea *lo que es*, si permites al presente ser lo que es, el futuro será lo que es. Todavía podrás tener apegos con el pasado y el presente. Si mantienes todo en un contexto de madurez, verás que tienes apegos, pero no van a invalidar tu habilidad para actuar correctamente.

Después de todo, mira cuántas personas están divorciadas y siguen enamorándose. Alguien que no puede soltar diría al divorciarse: "Es horrible, sufro tanto que nunca me casaré de nuevo". Se encierran a sí mismos. Se vuelven fríos, severos y cínicos. Quiero decir, así es como manejé *mi* divorcio.

No hagan montañas de granos de arena. Yo tuve una motocicleta que acostumbraba manejar y estaba *muy* apegado a ella. Un día me arrolló un automóvil y la motocicleta quedó destrozada, acabada, peor que yo -yo sobreviví bastante bien. Creo que somos afortunados, la gente rebota y el metal no. El metal se aplasta.

La compañía de seguros dijo: "Te vamos a pagar la moto, pero nos la vamos a llevar". (Estas compañías de seguros no van a permitir que tengas tu moto y que además la manejes). Mi relación con la motocicleta es exactamente igual a la relación con la vieja casa, o con cualquier cosa con la que estemos apegados. Todo el mundo tiene esas cosas. ¡Así es la vida! Tenemos nuestros deseos, nuestros apegos, nuestros... lo que sea. Por tanto, esto no es un problema.

Ciertas formas de amor tienen un tiempo. Crecen y luego terminan. Hay dulzura tanto en el final como en el tiempo que duraron.

Probablemente a muchos de ustedes se les haga más fácil soltar que a mí. Sigo esperando la siguiente motocicleta.

Sin embargo, nadie en mi familia la está esperando. Están muy agradecidos.

Capítulo 7

La mente que divide

Nuestra identificación con la ilusión se hace más aguda cuando separamos cualquier aspecto de nuestra realidad de lo que pensamos que debe ser la realidad. Si pensamos que la realidad debe ser no-dualista, y aun así percibimos el mundo que nos rodea como si fuera dualista (y, por tanto, "irreal"), entonces, por supuesto, nos encontraremos con dificultades.

Con el paso del tiempo, esta enseñanza baul occidental[1] se ha vuelto, en última instancia, hacia lo que es completamente humano, es decir que, independientemente del hecho de que suscribamos la noción de que el mundo es una creación de nuestra mente, aun así, *lo que es, es*. ¿Conoces esa pequeña gema filosófica de ciertas tradiciones hindúes que dice: "No hay mundo. Tú inventas el mundo porque tienes sentidos y lo que ves en realidad es una ilusión."? Eso está bien hasta que llegas a tener sesenta años, te tuerces la espalda y no puedes salir de la cama en cuatro días, o si te topas con un camión.

De cualquier modo, resulta fácil decir que toda realidad es una ilusión, que toda percepción es una ilusión, hasta cuando se te queme la casa. No sé cómo una mujer cualquiera de la India que haya pasado por un parto y haya tenido su bebé pueda sostener la filosofía de que todas nuestras percepciones son ilusorias y que todo es creado por nuestra propia mente. Es absurdo. Pero mucha gente intenta entender las cosas de esa manera.

---

1. La enseñanza baul occidental está representada por Lee Lozowick. Este camino originó con los bauls de Bengala, India, una secta fundada en el siglo VI por Chaitanya. Son un grupo de músicos y pordioseros que se alinean de alguna manera con el camino sahajiva del budismo, con la tradición tántrica Vaisnava y con el camino de los místicos sufíes; los bauls son iconoclastas que buscan al "hombre del corazón", a lo Divino que vive en cada ser.

La dualidad iluminada, que es la base de mi enseñanza, trata de que *lo que es, es*. Cuando creamos separación –por medio del uso de la filosofía– en esencia creamos sufrimiento para nosotros mismos. Porque el acto de separación es en sí lo que crea antagonismo entre la parte de nosotros que busca a Dios, la unión o lo que sea..., y la parte de nosotros que es humana –la parte que percibe al otro, que percibe al mundo a su alrededor, incluyendo las hojas que caen de los árboles en otoño.

Siempre que dividimos, etiquetamos las cosas –como: "Ésta es mi personalidad"... "Ésta es mi psicología"... "Ésta es mi esencia"... "Mi cuerpo astral, cuerpo causal, cuerpo etéreo". Por supuesto, una vez que ponemos etiquetas nos relacionamos con las cosas etiquetadas con ciertas distinciones. Hacemos esto para poder hablar de ello y, ya que todos tenemos que comenzar en algún lugar, comenzamos desde donde estamos. Sin embargo, cuando percibimos las cosas *sin división*, entonces podemos relacionarnos con ellas desde una perspectiva diferente.

Cambiar de perspectiva

Comúnmente, y particularmente en la obra de Gurdjieff, cuando los "yoes" de la personalidad y psicología dominan nuestra función no podemos "Trabajar", debido a que somos seres múltiples. Mientras permanezcamos presos de las perspectivas que nos encierran habitualmente –aquellos "yoes" en los que estamos encerrados de manera consistente–, el conflicto permanecerá. A lo mejor tomamos una decisión que resulta positiva y creativa, o una decisión que empeora las cosas, pero aun así, cualquier decisión que tomemos estará, en esencia, encerrada en la estrecha perspectiva de nuestro punto de vista. La única manera en la que podemos "trabajar" de forma efectiva radica en cambiar de perspectiva.

La literatura vajrayana se basa en el punto de vista holístico de que todo lo que surge, surge sin causa y sin objetivo; simplemente surge como una función lúdica de la manifestación. Hay un sentido y una razón para esto. Tiene cierto movimiento y este movimiento resulta detectable. Y, al mismo tiempo, dividir es tratar de cristalizar algo que es inherentemente "no-cristal-izable", lo cual va a crear conflicto y sufrimiento.

En nuestra práctica, "afirmación" o práctica de "Sólo Esto", es como la práctica vajrayana suprema, equivalente al *dzogchen*.[2] Define cualquier cosa que surja como esencial solamente a su propio surgimiento. "Sólo Esto" desconecta todo de todo lo demás.

Esta práctica es algo contra lo que podemos darnos de cabezazos desde el principio. No hay linealidad; no hay tiempo; no hay espacio. Lo que sea, *es*, aquí y ahora, exacta y únicamente.

Entonces, ¿qué hacer con esa desconexión? ¿Significa esto que nuestro amor por nuestros hijos y la vida creativa, o por nuestras vidas profesionales, o el amor a la buena comida, simplemente se desmoronan de alguna forma?

Leí un libro sobre Swami Vishuddhanand, un gran yogui completamente establecido en lo no-dual.[3] En cierto punto, su gurú le dijo que se casara, que estuviera en el mundo y que sirviera al mundo; la interpretación implícita era: "Estar en el mundo sin perder tu práctica; sin perderte en la ilusión del mundo".

Vishuddhanand no quería estar en el mundo. Quería permanecer en el ashram de su gurú y practicar. No obstante, hizo lo que su gurú le había dicho. Se buscó una esposa, tuvo tres hijos y abrió un consultorio como sanador. Interactuaba con el mundo. Al mismo tiempo, entabló una práctica rigurosa. Llevaba una dieta muy simple. Se encerraba en su habitación durante unas cuantas horas cada noche y practicaba. Podemos suponer que amó a sus hijos como cualquier persona ama a sus hijos, pero, al mismo tiempo, estaba completamente establecido en el estado de vacío.

Desde el punto de vista de la dualidad tenemos un conflicto, que es: "¿Cómo puedo establecerme en un estado en el que todas las cosas son iguales y aún tener mis preferencias, anhelos, deseos, esperanzas y sueños?". Y, desde la perspectiva de la dualidad, no puedes contestar a eso. ¡Desde el punto de vista de la dualidad no puedo entender que la berenjena sea igual al espárrago! *Simplemente no puedo.* De ningún modo una berenjena es igual a un espárrago. Por no mencionar la igualdad de la *mierda de perro*. Porque si estás en la India y eres yogui, ésa es la manera en la que convences a tus discípulos de que todas las cosas son iguales: comes mierda, tal vez

---

2. Dzogchen: de acuerdo con algunas escuelas del budismo tibetano, dzogchen (conocido como la "Gran Perfección") es el camino más elevado y definitivo hacia la iluminación. Es el estado natural, primordial, la condición natural de todo ser sensible.

3. Grupta, Nand Lal, *Yogirajadhiraj Swami Vishuddhanand Paramahansadeva, Life & Filosofy,* *[Yogirajadhiraj Swami Vishuddhanand Paramahansadeva, vida y filosofía],* Varanasi, Vishwavidyalaya, Prakashan, 2004.

la tuya, o mierda de vaca, de caballo, de cerdo, de perro, o mierda de mono si vives en las montañas o en Rishikesh, donde hay simios muy grandes. Entonces, los discípulos no podrán decir: "Eso no era *realmente* mierda; alguien le ha dejado un trozo de pan".

Uno practica "afirmación", "Sólo Esto", como una manera de aumentar la irritación del conocimiento que ninguna cantidad de práctica sería capaz de hacerte lograr [este conocimiento de la no-dualidad, del vacío e igualdad de todas las cosas]. Esta fricción o molestia es lo que crea la intención y el surgimiento espontáneo de la afirmación *tal cual es*.

La frase es "Sólo Esto"... "Sólo" quiere decir nada más –sin opciones, ni alternativas–: Sólo Esto. ¿Qué quiere decir? Quiere decir que en la realidad, de hecho, no hay nada excepto Sólo Esto... Lo que Sólo Esto define en realidad –lo que es– es una medicina muy poderosa para combatir la enfermedad de la separación, dualidad e ilusión. Significa Sólo –lo cual significa nada más, exclusivamente, únicamente– Esto: en el momento de repetir esta frase, es lo que sea que "Esto" es.

... No es sólo ese pequeño embotellamiento insignificante que te está impidiendo llegar a la playa en tu fin de semana de vacaciones, sino el sufrimiento de todo el mundo, del universo: burdo, sutil, etéreo, áurico, astral, todo esto. En el momento de decir o pensar Sólo Esto, "Esto" representa todo lo que es en este momento, todo lo que existe, incluyendo la no-existencia, debido a que en el dominio de la existencia, tiene que estar el opuesto, que es la no-existencia.

Cuando dices Sólo Esto, verbalmente, sutilmente, instintivamente, estás afirmando la realidad o la verdad de la Vida, que incluye nacimiento, muerte, subsistencia, todo el asunto...

... Sólo Esto significa sin pasado, sin futuro, nada más. Sólo Esto. ¡Ay, eso duele! Uno de los conflictos del camino es que seguimos tratando de relacionarnos con la realidad con base en el hábito de relacionarnos con el pasado y el futuro. No hay tal cosa como el pasado y no hay tal cosa como el futuro, excepto en nuestra mente. El pasado existió, pero no existe ahora, y el futuro no existe, por lo tanto, resulta académico.[1]

1. *Hohm Sahaj Mandir Study Manual* [*Manual de estudio Hohm Sahaj Mandir*], Vol. 3, Prescott, Arizona, Hohm Press, 2001, pp. 11, 15, 16.

¿Sí o no a la acción social?

"¿Cuál es el papel de la acción social?", es una de las confusiones que tienden a surgir si realmente "pensamos" (lo cual he llegado a la conclusión de que es una pérdida de tiempo total) acerca de cosas como la separación y la no-separación. Ésa es una pregunta muy real. La mayoría de nosotros siente profunda empatía por el sufrimiento de los demás. Si surge la oportunidad de hacer algo para aliviar el sufrimiento de los demás, por supuesto, la mayoría de nosotros querrá participar, ya sea votando por alguien que sentimos tiene el potencial de aportar cierto grado de consciencia a su obra; ya sea manifestando por causas que despierten cierta consciencia y que ayuden a aliviar el injusto sufrimiento de otros. Sin embargo, en realidad, no hay conflicto [en servir a los demás mientras se mantiene el dharma de la no-dualidad].

Tampoco hay ningún conflicto cuando estamos atrapados en una seria crisis de salud. Supongamos que vamos al homeópata y luego al naturista y que las cosas no parecen funcionar. ¿Nos aguantamos y nos tiramos a los pies y a la merced de Yogui Ramsuratkumar? Bueno, ¿qué tal si ya hemos hecho eso pero parece que las cosas empeoran? Entonces, ¿nos vamos por la ruta alópata y sufrimos la vergüenza y la culpa que cualquier alópata colgará sobre ti por haber perdido todo el tiempo que ya has "perdido" tomando algas, comiendo sargazo, por no haber acudido de inmediato a verlo, en el momento mismo en el que descubriste que estabas mal, para que te extirpara unos órganos y te deformara el cuerpo? (¡Estos cirujanos van en serio! Y están completamente convencidos de que, incluso, si tienes el cáncer más virulento del mundo, si tan sólo hubieras ido a verlos a tiempo hubieran podido salvarte. ¡Vaya ilusiones! Hubieran podido salvarte con bastante quimio y radiación, por supuesto.)

La gente siempre me pregunta: "¿Qué harías *tú* en una crisis de salud como ésa? O preguntan: "¿Debería hacerme cirugía o no?". Pero hay una manera de saber lo que yo haría sin que me lo pregunten. Típicamente, en cualquier conflicto o crisis, cuando somos capaces de *ver la realidad de manera holística*, lo cual significa ser capaces de ver la realidad sin dividirla en "no-dualidad... dualidad y... mi práctica y... los días que no practico, y resulta realmente *bueno* cuando hago esto, pero es francamente *malo* cuando hago aquello... etcétera". Cuando somos capaces de ver la realidad de manera continua –como un campo continuo de surgimiento de fenómenos–, entonces los conflictos que tengamos en un mundo dividido son vistos bajo una luz completamente distinta. La solución a dichos conflictos, no el cien por cien del tiempo, pero muy a menudo, resulta muy clara.

Por tanto, no tenemos que recurrir al gurú, ni a las escrituras, ni a nuestro cojín de meditación, ni orar a Yogui Ramsuratkumar para encontrar las respuestas. Porque cuando podemos ver las cosas de manera holística, entonces la perspectiva desde la que vemos cualquier conflicto resulta completamente distinta. Y, cuando la perspectiva es distinta, entonces, obviamente, las soluciones que pueden aplicarse en determinados conflictos son completamente diferentes. Sucede lo mismo cuando miras una imagen en una hoja de papel de frente, con cierta perspectiva de profundidad, pero si el papel está puesto de perfil, verás que la imagen está contenida en una simple hoja de papel. La diferencia radical en la que ves esa hoja de papel, es igual a la manera radicalmente diferente en la que verías la crisis dentro de la cual te encuentras.

Ver de manera holística

Si fueras capaz de ver la crisis en un campo holístico en el que serías capaz de manejar tu mente, ésta percibiría la crisis desde una perspectiva completamente distinta; no necesariamente una perspectiva más elevada, sino tan sólo diferente. Y la perspectiva resulta tan diferente que, lo que pudo haber parecido totalmente confuso desde una perspectiva particular, ahora, visto desde otra perspectiva, podría tener múltiples soluciones u opciones.

Una de mis alumnas estaba pasando recientemente por una crisis de salud. Vio a todos esos doctores expertos y nadie podía explicar lo que le pasaba. Una de sus amigas, otra doctora "experta", incluso mandó un correo electrónico a sus amigos-doctores "expertos", describiendo la condición de esta alumna y pidiéndoles su opinión. Ahora, cada doctor experto le está dando una solución distinta a la situación. ¿Qué hacer?

Bueno, desde una perspectiva dualista, cuando tu cuerpo está en tan mal estado, como lo estaba el suyo, la solución obvia sería: ir con un experto; ver a un internista que pueda hacerte análisis de sangre para averiguar cosas en las que nadie más pensaría, o lo que sea. Esto es más o menos lo que casi todos nosotros pensaríamos. Sin embargo, si ves toda la circunstancia de la descompostura de tu cuerpo desde una perspectiva radicalmente distinta –y repito: no necesariamente más elevada, sino distinta– puede que se presente una solución que nada tenga que ver con doctores y sanaciones.

Esta alumna seguía preguntándome qué pensaba que estaba mal en ella, pero no lo sabía. No obstante, tengo una perspectiva diferente que la de simplemente consultar a un doctor tras otro, hasta que alguien sea capaz de ayudar. (Y mi perspectiva tampoco consiste en negar toda ayuda médica. No se trata de ignorar tu condición hasta que te caigas muerto.) Aun así, existen diferentes modos de acercarse a cualquier proceso curativo, o problema económico o asunto moral. El acercamiento óptimo, verdadero, radica en ver todo lo que surge sin dividirlo.

Siempre y cuando procedamos de manera dualista, la respuesta a cualquier crisis va a definirse desde nuestra visión del mundo. Algunas personas tienen una visión del mundo amplia, mientras que otras tienen una visión del mundo reducida. Cuando surja cualquier tipo de situación en nuestras vidas que sea conflictiva para nosotros, no podremos enfrentarla mientras la veamos desde el punto de vista de la división, o de cualquier otra manera en la que hayamos sido entrenados para enfrentarla. [Por ejemplo, si tu hijo o hija trae a casa a una persona de una raza distinta, y la presenta como su novio o novia], podemos decirnos a nosotros mismos: "Soy adulto y también lo es mi hijo y lo he criado para que tome sus propias decisiones y no tenga prejuicios". Podemos respirar hondo un par de veces, estrecharle la mano a la persona en questión y decir: "Bienvenido a mi casa", aunque nos sintamos enloquecer. Pero esas respuestas internas reales a la circunstancia sólo pueden ser definidas por nuestra visión dividida del mundo.

En algunos procesos psicológicos de crecimiento se habla de "ver fuera de la caja".[4] Pero, en realidad, *no podemos* "ver fuera de la caja". La única manera de "ver fuera de la caja" radica en *estar* fuera de la caja. Siempre y cuando sigamos viendo las cosas de la manera dividida en la que hemos sido entrenados para verlas, no podremos ver las cosas desde fuera de la caja.

---

4. La "caja" es otro término para designar la mente limitada, la mente programada, o los pequeños y apretados confines de la visión del *statu quo* de la realidad. [La expresión en inglés es "*seeing out of the box*", "ver fuera de la caja", es decir, ver las cosas de una manera no convencional [N. del T.]].

Obviamente, la pregunta es: ¿Cómo me salgo de la caja?. Si eres Timothy Leary, tomas ácido. Si eres un yogui, meditas durante veinte años en una cueva hasta que cada vestigio de lujuria y deseo arda y se convierta en carbón o hasta que sea suprimido. Ambas formas funcionan igual de bien. Si puedes suprimir algo lo suficientemente bien como para no sufrir efectos psicosomáticos, mis respetos, te felicito.

¡Yo estoy a favor de la supresión![5] Y si eres capaz de mantener la supresión hasta que te mueras, será tan bueno como haberlo quemado hasta convertirlo en carbón. ¡De verdad... así es! La mayoría de la gente no puede hacerlo, por supuesto, debido a que cien años de supresión les provoca un infarto o un derrame cerebral. Sin embargo, en términos académicos, ¿podrías? ¿Por qué no? Los bauls eclécticos dicen: "Si funciona, úsalo". Por tanto, si te sirve en tu sadhana, ¿por qué no incorporar incluso la supresión a tu sadhana? Si ayuda a que tu hijo te quiera más porque suprime tu tendencia a dominar su vida y a tratarlo como si todavía tuviera tres años de edad, cuando ya es adolescente, entonces bienvenida sea la supresión. Estoy totalmente a favor de la supresión en esas circunstancias. Preferiría que mis hijos pensaran que soy un gran tipo –incluso si yo creyera que están eligiendo todas las opciones incorrectas del mundo–, manteniendo mi boca cerrada, a que pensaran que soy un estúpido más, como cualquier otra persona de mi edad. ¿Qué más puedes hacer, aparte de la supresión, cuando surge una situación con tus hijos? ¿Cambiar tu visión del mundo? Sí, por supuesto, pero no resulta así de fácil. Para cuando cambies tu visión del mundo, tus hijos habrán crecido y se habrán graduado de la universidad.

Los miedos a la no-dualidad

En el libro *Dakini's Warm Breath* [*El soplo caliente de Dakini*], Judith Simmer-Brown escribió:

> "La toma de consciencia más alta es aquella en la cual la dualidad de sexos está vista como: 'no uno, no dos' y todos los fenómenos aparentes se entienden por lo que son. Finalmente, no hay proyector, ni proyección y ningún proceso de proyección. Esto se llama Mahamudra, el gran

---

5. La "supresión" es la elección consciente de no dar rienda suelta a un pensamiento, sentimiento o acción particular. La "represión", aunque parecida a la "supresión" en cuanto un pensamiento, sentimiento o emoción no viene expresado, contiene una negación respecto a la existencia misma del evento. Lee sugiere claramente que mantengamos una elección consciente en este tema.

símbolo, en el cual todos los fenómenos son meros símbolos de sí mismos".[6]

La autora no está diciendo que los fenómenos no existen, sino que los fenómenos son exactamente lo que son, ni más, ni menos. No apuntan hacia nada, ni indican nada, ni sustituyen nada. Tan sólo son lo que son, y son símbolos de sí mismos. Ésta es la toma de consciencia a la que llegamos cuando "afirmación" [la práctica de "Sólo Esto" en la enseñanza de Lee] es la verdad de nosotros: cualquier cosa que surge es sólo lo que es. Obviamente, todavía podemos hablar de las cosas porque tenemos lenguaje verbal y nos gusta hablar: somos seres conversadores y sociales. Sin embargo, cuando afirmación –Sólo Esto– es la verdad de nosotros, no tenemos la ilusión de que las implicaciones y la direccionalidad o espacialidad que damos a las cosas es, de hecho, la verdad de esas cosas. Cualquier cosa no es nada más que ella misma; exclusivamente sólo ella misma. Todas las cosas son "símbolos de sí mismas".

En un estado de consciencia no-dual, surgen diferentes respuestas, de modo espontáneo, a diferentes cosas. Nuestra relación con la violencia será distinta a nuestra relación con el arte, no porque sea una cuestión moral, sino porque eso es parte de la vasta inteligencia de la realidad (pero no "realidad" como ser o cosa). La vasta inteligencia de la realidad crea relaciones diferentes con cosas diferentes, en función de lo que está en relación con esa cosa. Por ejemplo, si eres un productor de películas pornográficas, tendrás una relación diferente con ciertas formas de sexo de la que tendría un padre de una hija de catorce años pero que pareciera tener veintidós. (Tendrías una relación distinta con esas cosas aun cuando tú y el productor de películas pornográficas estuviesen ambos iluminados. Por tanto, no es una cuestión moral.)

Desde un punto de vista dividido, sin embargo, una de las cuestiones que nos asusta es que no queremos ver las cosas como si fueran iguales. La mente dice: "La agresión y la violencia no son iguales al amor y a la compasión". Pero, la agresión, violencia, amor y compasión son todos fenómenos vacíos y, aun con la comprensión de la igualdad de todas esas cosas, no responderemos ante la agre-

6. Simmer-Brown, Judith, *Dakini's Warm Breath: The Femenine Principle in Tibetan Buddhism* [*El aliento cálido de Dakini: El principio femenino en el budismo tibetano*], Boston, Shambhala, 2002, pág.: 16.

sión y la violencia como lo haríamos ante el amor y la compasión. Simplemente no lo haríamos.

Si fuéramos yoguis viviendo en el Tíbet o la India y el trabajo nos asignara la tarea de demostrar una cierta posibilidad de ver la igualdad de todas las cosas, podríamos literalmente comer mierda o vidrio, o podríamos ser violentos con alguien para lograrlo. Cuando leemos libros acerca de los santos y escuchamos algunas de estas cosas, quizá digamos: "¡Ay, Dios mío!, esta persona está demostrando esto o aquello, o esta otra cosa. Yo nunca podría hacer eso. No querría hacer eso. Si éste va a ser el resultado de mi práctica... no la quiero".

Recuerdo que una vez, hace años, asistí a una introducción al curso *Est*[7]. Una mujer muy atractiva hacía la presentación y estaba tan inspirada por su propia presentación dirigida a promover el curso, que se dejó llevar por el entusiasmo. Hablando de la toma de consciencia "de las cosas como iguales" dijo: "... para mí, el sexo y los dulces son exactamente lo mismo". De inmediato, cuando dijo eso, se dio cuenta de que acababa de perder al público. "Bueno, no son exactamente lo mismo, ustedes tienen que entender esta perspectiva", trató de explicar. Pero cuando la gente la oyó, las reacciones fueron: "No voy a tomar este curso. No quiero que el sexo sea igual a los dulces. ¡De ningún modo! ¡Excepto por el jarabe!".

Una de las cosas que en realidad obstaculiza nuestra práctica radica en la idea de que si practico y tomo consciencia de la igualdad de todas las cosas, el sabor de mi vida desaparecerá por completo. No sabré cuál es la diferencia entre mi pareja y la pareja de mi mejor amigo. No sabré la diferencia entre mis hijos y cualquier otro niño del mismo colegio. Nos asusta eso. Por ello comprometemos nuestra práctica. Pero en realidad, es sólo la filosofía lo que nos inquieta. No *conocemos* ese punto de vista de la igualdad; lo hemos leído en algún libro. Y, desde el punto de vista de la dualidad, tenemos tanta posibilidad de comprometer nuestra práctica debido a *esa* ilusión, como la tendríamos practicando de manera más ferviente, pensando que así lograremos la iluminación en tres semanas.

Ambas ilusiones, ambas proyecciones, comprometen la claridad y la integridad de nuestra práctica. No son sólo las ilusiones negativas las que comprometen nuestra práctica, las ilusiones positivas lo

---

7. El curso *est*, más tarde conocido como *El foro*, fue desarrollado por Werner Erhard. Constituye una poderosa experiencia de taller en la cual los individuos confrontan sus suposiciones básicas acerca de la naturaleza de la vida y la realidad.

hacen también. Todas las ilusiones comprometen nuestra práctica. Por tanto, ambas trabajan en contra nuestra. Una parte de nosotros quiere practicar y comprender; y la otra parte no quiere, por culpa del miedo que tenemos basado en nuestra visión dualista del mundo, en nuestra visión dividida del mundo, de que si practicamos vamos a ser este tipo de yogui sentado-ahí-sin-decir-ni-mu, perdido en algún mundo de ensueño en el cual ni siquiera podremos ponernos los dedos en la nariz ni comernos las uñas. Y entonces, ¿qué tendría de divertido la vida? O tenemos miedo de que ya no podamos chismear. ¿No sería ése un reino infernal? Si todas las cosas fueran iguales, ¿a quién podríamos culpar? "¡Ay, Dios!, por favor, no me des nunca esa toma de consciencia. Quieres decir que yo, Lee Lozowick, arrogante y superior, pero objetivamente superior, como soy, ¿tendré que verme a mí mismo igual que cualquier vago de la calle? De ningún modo. ¡No voy a practicar!". Por supuesto esas asociaciones tienden a ser inconscientes, pero son las cosas que realmente limitan nuestra práctica.

Empieza aquí

¿Cómo podemos practicar correctamente, es decir, sin dividir? ¿Qué hacemos al comienzo? Bueno, cada vez que te encuentres dividiendo, dirige tu mente y no dividas. Tan sólo controla tu mente.

Y si te dices: "Sí, puedo hacer eso como un acto de voluntad, pero no constituye la práctica". Yo digo: *Todos tenemos que empezar en algún lugar.* Comienza desde donde estás. Si vas a una clase de yoga y ves las posturas avanzadas del instructor, podrías decir: "Nunca seré capaz de hacer eso, entonces al diablo con ello", y nunca empezarás. Entonces, ¿dónde quedas? Tendrás mala salud y no tendrás flexibilidad. ¿Qué haría cualquiera de nosotros si el primer día de clases de francés o [inglés] el maestro dijera: "Éstas son las últimas palabras en [español] que van a oír, ya que esta clase va a ser impartida por completo en el idioma que queremos aprender". Ciertamente, ese primer día estás totalmente perdido; no entiendes nada. Pero, ¿dónde estarías si no te quedaras en la clase?

Tenemos que empezar en algún lugar. Cuando encontramos a nuestra mente dividiendo, simplemente hacemos un esfuerzo de voluntad y cambiamos la mente. Porque es la mente la que divide, no el ser. Nuestras células no crean división en nuestra percepción. En lugar de decir: "¡Ah!, esto no es la práctica, esto es falso", mejor cambia la mente. Y cuando cambias la mente lo suficiente, entonces la mente empieza a alinearse. Porque la mente quiere ser obediente. De todos modos sólo está haciendo el trabajo que se supone debe hacerse. La mente supone que su labor es dividir.

Quítate de en medio

Lo único que va a hacer la diferencia es cuando vamos a actuar a partir de algún conocimiento holístico, tácito. Siempre que tengamos que "pensar" en algo, seremos más o menos precisos, pero nuestras decisiones nunca serán más que una conjetura educada. Por tanto, *nosotros* no vamos a hacer que funcione. Va a funcionar si nos quitamos de en medio.

Mucha de la enseñanza no tiene que ver con hacer algo activo; tiene que ver con quitarnos de en medio. Y, algunas veces, la única manera de hacerlo radica en ser atrapados en una contradicción que detenga a la mente. Debido a que, si la mente atrapa a la contradicción, seguiremos estando en nuestro propio camino. Ése era el famoso uso que hacía Gurdjieff del *shock*: detenía la máquina por un momento. Y cuando la máquina se detiene por un instante, la radiante ducha de gracia –y dicha lucha siempre va en contra de las fortalezas que hemos construido para mantenerla afuera (ya sea a la gracia, la piedad, el asombro o la majestuosidad)– penetra en nosotros. Tan pronto como la máquina se detiene un instante, ¡zas!, entran todas estas cosas. Y si la máquina se detiene suficientes veces y todas esas cosas crean una cierta fuerza y estamos dispuestos a estar a la escucha y contestar a dicha fuerza, entonces algo podrá ocurrir. De otro modo, nada ocurrirá; porque hemos puesto un cierre a nuestra interacción personal y psicológica con el mundo. ¡Un cierre!

E. J. Gold dijo hace años que nuestro "personaje"[8] es perfecto. Que no podría ser mejor. No vamos a ganar luchando en contra de un "personaje" perfecto. El único modo de ganar radica en deshacernos totalmente del personaje presente y entrar en un personaje de Trabajo que creamos, definimos y construimos lentamente, con la ayuda del dharma, la sangha y el maestro. Es la única salida.

---

8. "Personaje", tal como Gold usa el término, se refiere al papel que uno hace suyo o a la posición que uno asume cuando se mete a un juego de vídeo. Uno adopta cierto "personaje" con todos sus atributos, fuerzas y debilidades, armas de defensa y todo eso, y luego procede a seguir el juego como ese personaje. Cuando el juego termina, uno puede asumir otro personaje.

No siempre habrá salida y mientras permanezcamos *dentro* del "personaje"; será un *personaje* perfecto, que habremos construido personal y psicológicamente. Ese personaje ha puesto un cierre en nuestras vidas, es decir, en cada elemento de nuestras vidas, incluso cuando dormimos. Por eso, a veces, los sueños resultan útiles, ya que nos dan pistas que nos conducen al personaje del que necesitamos deshacernos; pistas que no entendemos cuando estamos en vigilia, porque se trata de una energía diferente, una dinámica distinta.

Éste es el punto básico –*no habrá salida,* siempre y cuando permanezcamos *en* el "personaje"– y la mente no puede entender esto. Tenemos que escucharlo una y otra vez, y ser "asaltados" por ello. Y, eventualmente, la mente alcanzará un punto de apoyo de donde sostenerse, como James Bond cuando se cuelga de las puntas de sus dedos. Y después, la próxima vez que lo escuchemos estaremos sosteniéndonos con nuestros codos. Y después, alcanzaremos la cima, aun con las rodillas fracturadas, el cráneo golpeado... cuatro conmociones cerebrales, ocho costillas rotas, nuestras tripas prácticamente colgando por fuera. ¡Aun así, como Bond, podemos capturar al malo y darle una paliza!

Capítulo 8

Dirigir la atención

Los juicios de la mente son muy veloces. Pero la energía sigue la atención. Si pones tu atención en la unidad en lugar de ponerla en la división y si tan sólo la sigues colocando ahí de nuevo cada vez que te des cuenta de que la has perdido... *de acuerdo, la has perdido*, ahora *sólo tienes que regresar ahí tu atención*... entonces, lentamente, comenzarás a construir fortaleza en *eso*, hacia la unidad, más que hacia el hábito del juicio o de la división.

La mente no trabaja lo suficientemente rápido como para atrapar ese reflejo de juicio, pero el cuerpo sí lo hace. Por tanto, si sigues colocando tu atención en el objetivo, por decirlo así, es ahí donde irá tu energía. Y, entonces, después de cierto tiempo, el cuerpo comenzará a frenar el reflejo para que *puedas* sorprenderlo. Tienes que ser paciente y darte tiempo.

Supongamos que tienes pensamientos negativos acerca de otras personas; corriges esto reposicionando tu atención. No tomes en serio estos pensamientos, como si indicaran algo acerca de *ti*: que eres una mala persona o que no estás practicando. Estos pensamientos no tienen nada que ver contigo. Escogiste esos pensamientos entre las conclusiones que sacaste de un entorno que era esencialmente hostil cuando eras niño. No son *tus* pensamientos. No te son intrínsecos. Nada de eso salió de ti. Ese tipo de pensamientos son reactivos.

Esa manera de pensar es sólo un proceso reactivo condicionado en nosotros a partir de suposiciones que hicimos cuando éramos pequeños. Debes tomarte estas suposiciones en serio si quieres practicar y acumular méritos, pero no debes tomarlas en serio como si estas cosas que observas en ti te definieran, como si éstas fueran *lo que tú eres*. Lo que te define y define quién eres es la "bondad básica".[1] Luego está todo el "paquete" con el que tenemos que trabajar.

Somos continuos. Siempre somos la misma persona. No tomes en serio estos estados de ánimo ya que cambian y se mueven de una manera constante.

La mente quiere monopolizar cualquier reacción (detonada por cualquier desacuerdo o cierto tono en la voz de alguien) y levanta una montaña de un grano de arena. Cada vez que tenemos una reacción, cualquier tipo de reacción, lo que nuestra mente quiere hacer es tomar la reacción, monopolizar las emociones y los sentimientos y hacer un problema de todo esto.

Todos tenemos diferentes grados de habilidad para manejar este proceso generador de problemas. Si se trata de una reacción pequeña, que no afecta al núcleo de nuestra neurosis, y la mente hace su función, entonces resultará fácil manejar la mente en relación con su deseo de monopolizar esta reacción. No significa tanto para nosotros. Sin embargo, si se trata de algo que realmente golpea el núcleo de nuestro "rasgo dominante" [ver nota 8 en la página 22], entonces la intensidad de la mente resultará más fuerte y la intensidad de nuestra intención para manejar la mente tendrá que ser aún más fuerte. Siempre, lo primero que hay que hacer es, literalmente, colocar nuestra atención en otra cosa.

Pasé mucho tiempo criando a mi segunda hija. A menudo me encargaba de ella cuando su mamá salía. Ocasionalmente, tal vez más que ocasionalmente, tenía en mi mente la idea de que estaría con ella sólo durante un par de horas. Pero si su mamá perdía la noción del tiempo, a veces pasaban tres, cuatro o cinco horas antes de que regresara. Entonces, me molestaba y comenzaba a pensar en ella de manera negativa. La manera en la que detuve eso fue poniendo mi atención en la niña. Y siempre funcionó como por encanto. ¡Cada vez! Siempre que ponía la atención en mi hija, mi propia construcción de la negatividad se disolvía. Cada vez que ponemos nuestra atención en algo que nos satisface, en algo que nos gusta, en algo que nos sirve, en alguien más o en algo que realmente disfrutamos, se llena el campo de nuestra consciencia.

En cualquier situación de reacción, lo primero que puedes hacer

---

1. "Bondad básica": término usado por Chögyam Trungpa Rimpoché para describir la naturaleza búdica de todos los seres.

es poner tu atención en uno de los niños (con los niños funciona de maravilla) o en algo que ocurrió durante el día que realmente te gustó como, por ejemplo, un cliente que entró y te dijo algo amable. Puedes, literalmente, forzar tu atención hacia eso e dar vida a un estado de ánimo diferente en el cuerpo. Quizá tendrás que hacerlo varias veces, porque lo que la mente realmente quiere es poner su atención en la reacción que acabas de tener y utilizarla para mantener su autoridad. Eso es lo que quiere hacer el ego. Por tanto, tendrás que volver a enfocar tu atención varias veces. Pero, muy pronto, tu atención estará ahí: en lo que sea que esté creando sentimientos de placer y gratitud e ilusión y gozo, entonces estarás adquiriendo méritos en lugar de deméritos.

Dirige la atención sobre el gurú

Dudjom Rimpoché[2] dijo: "Es más fácil actuar para ganar méritos, que actuar de maneras no virtuosas". Si realmente piensas en esta afirmación, es impactante. Con frecuencia, creemos que para hacer cosas meritorias tenemos que ir en contra de nuestros deseos personales, de los dictados del ego y de nuestro laberinto psicológico. Tenemos esta idea: "Estoy centrado en mí mismo, pienso primero en mí y quiero bienestar. No quiero ser así, pero así soy. Soy completamente mecánico, he practicado durante quince años y nada ha cambiado". Al pensar en esos términos, creemos que actuar de manera meritoria es algo que nos va a costar mucho esfuerzo.

Rimpoché también dijo que una de las mejores maneras de ganar méritos era simplemente dirigir nuestra atención hacia el gurú o recordar nuestra devoción al gurú. Cada vez que pensemos negativamente en alguien –puede ser sobre cualquier cosa, como el hecho de que alguien esté más arriba que nosotros en la escala jerárquica; es muy perturbador, especialmente cuando pensamos que tenemos algo que decir que tenga mérito y que deberíamos ser considerados en términos de igualdad– lo primero que hay que hacer es literalmente colocar nuestra mente en otra cosa.

---

2. Su Santidad Dudjom Rimpoché, Jigdrel Yeshe Dorje (1904-1988): fue el dirigente supremo de la orden Nyingmapa. Poeta, autor de muchos libros, *terton* (vidente descubridor de enseñanzas escondidas), historiador, maestro de meditación y yoga tántrico. Entre los grandes lamas del Tíbet fue uno de los más benévolos y queridos.

> *Profundizar la entrega al Maestro no se logra obedeciendo a la mente.*
> Lee Lozowick, septiembre de 1999.

Etiquétalo

Participante: *Cuando mi mente se obsesiona con algo y a la vez tengo un cambio a nivel físico, mi mente se encuentra más allá del pensamiento. De hecho, me encuentro en un estado físico y químico donde literalmente siento que voy a estallar.*

Lee: Eso es cierto. Una reacción suficientemente fuerte creará una reciprocidad química en el cuerpo.

Participante: *Pero siento como si, una vez que alcanzo ese punto, mi cuerpo físico estuviera tan involucrado, se esté yendo tan lejos, que no logro modificar mi atención.*

Lee: No es "se va tan lejos". Sólo se *siente* de esa manera, de una forma instintiva.

Si te encuentras en ese estado y eres capaz de etiquetarlo así: "Éste es un estado químico. Esto es química... química del cuerpo. Ésta es una reacción glandular", *serás* capaz de detenerlo o, cuando menos, de dar unos pasos para minimizarlo. Pero tienes que etiquetarlo: "Esto es sólo química". Si al revés dices: "¡Ay!, Dios mío, estoy abrumado", entonces obviamente estarás abrumado.

Si puedes tener suficiente presencia mental para decir: "Esto es química, el cuerpo ha sido dominado por la química", entonces puedes poner tu atención en algo que inicie una secreción contraquímica en el cuerpo. Toda secreción glandular tiene que procesarse a través del sistema, pero existen antitoxinas en el cuerpo. Cuando el cuerpo crea una química que lo coloca en ese tipo de hiperestado, estas antitoxinas específicas lo calmarán. Sólo tienes que poner en marcha este proceso.

Participante: *¿Entonces estás diciendo que resulta mejor enfocarse en otra cosa, más que tratar de cambiar la dinámica de la situación?*

Lee: Hablando de manera realista, ¿cuáles son las posibilidades concretas que tienes de cambiarla?

Participante: *Muy pocas.*

Lee: ¡Exacto! Claramente, si estás en una situación con alguien o en una situación no relacionada con otra persona, en la que existiera una cierta probabilidad de que si tomaras la palabra, tomaras una postura, agarraras a la persona y le dijeras: "¡Oye, venga ya!", algo podría cambiar, entonces quizá podrías asumir el riesgo e ir tras ello. O, como fue el caso de Milarepa y el último demonio de su retiro en meditación: si puedes meterte y abrazar aquello que has rechazado, está muy bien. Pero, si no puedes abrazarlo de este modo, entonces todavía podrás transformar una situación negativa en una donde podrás ganar mérito, colocando tu atención en otra parte.

La mayoría de nosotros estamos demasiado enganchados como para recibir la situación con ecuanimidad. ¡Y ésa es la clave: acoger la situación! Pero si nos mordemos los labios como si "acogiéramos la situación", y todavía estamos furiosos, entonces no será lo mismo. Tenemos que ser capaces de acoger la situación con ecuanimidad. La mayoría de nosotros realmente no somos capaces de hacer eso, en nuestro nivel de práctica (y ciertamente me incluyo en esto). En la mayoría de las situaciones la probabilidad de cambiar es muy pequeña. Pero, dependiendo de la situación, podrías arriesgarte e intentarlo de vez en cuando.

Mueve los dedos del pie

Ser capaz de "comértelo"-de trabajar internamente con una situación emocional fuerte-, puede llevar muchos años de práctica. Sobre todo, resulta mejor guardarte las cosas para ti mismo y trabajarlas *dentro* de ti, en vez de decir lo que piensas sin control. Siempre y cuando el proceso sea correcto -este proceso de catexis-,[3] sigue haciéndolo mientras sea efectivo. Sin embargo, [mientras intentas resolver las cosas en tu interior] haz algo completamente relajante durante cinco minutos. Sal y tírate en el césped. Tensa conscientemente los músculos y luego relájalos. Sacude tus manos y desecha toda la basura. La actitud más simple -que realmente es un método tipo "curita", pero que siempre funcionará si necesitas un alivio temporal, lo cual [en el caso de situaciones con reacciones emotivas elevadas, como el miedo] podría significar días o semanas- ¡consiste en mover los dedos de los pies! Mover los dedos de los pies de ninguna manera hará que el miedo desaparezca, no llegará al origen, pero manejará los síntomas y algunas veces... ¿quién sabe?... Y luego, no dejes de mover los dedos de los pies hasta que te sientas mejor.

---

3. Catexis: concentración de energía emocional en un objeto, idea o persona [N. del T.].

O puedes contar mantras con tus dedos. Asegúrate de que estés contando con tus dedos, tienes verdaderamente que poner tu mente en eso. Cuenta tus dedos, mantén el conteo y cada vez que pierdas la cuenta, lo cual pasará, entonces regresa y empieza de nuevo. Esas acciones se encargarán de las reacciones extremas, así de fácil.

Pero, otra vez, eso no constituye una solución final. Realmente no solucionará el miedo, pero sí manejará los síntomas. Algunas veces, cuando los síntomas son manejados, el estado emocional no regresa durante un rato. Pero, en términos de llegar al meollo del asunto... ¡más práctica! ¡Más meditación! Y paciencia.

Algunas veces cuando rompes el sentimiento real de miedo, cosa que haces cuando mueves los dedos de los pies, tampoco se reprime el sentimiento de querer asumir el riesgo. Las consecuencias del método tipo "curita" podrían ser muy significativas. Podría ser, en realidad, justo lo que necesitas para comenzar a acercarte al meollo del asunto.

Alguien me contó ese pequeño truco de los dedos de los pies. Parece que en la fuerza aérea estadounidense lo primero que les enseñan a los pilotos es que cuando ocurre algo que los puede distraer del manejo del avión, incluyendo el mareo, el miedo, cualquier cosa... tienen que mover los dedos de sus pies. El tipo que me dijo eso era piloto de *Air Force* y comentó que este método siempre había funcionado para él. Aunque el avión estuviera sacudiéndose y él estuviese no sólo asustado, sino que a punto de vomitar sobre el tablero de los instrumentos, si tan sólo movía los dedos de los pies se sentía mejor, siempre funcionaba, como por encanto. Por tanto, ¡si resulta lo suficientemente bueno para *Air Force*...!

Funcionará siempre. Pero tendrás que mantener tu atención en el movimiento de los dedos de los pies, hasta que te sientas más relajado y despejado. Normalmente, para ese entonces, tu atención se habrá alejado tanto que el miedo no regresará. Ocasionalmente puede que regrese, pero normalmente no lo hace.

Enfoca la atención en el origen

Una alumna reconoció ante Lee que algunas veces, cuando no obtiene lo que quiere, responde con violencia.

Lee: ¿Con qué claridad percibes la parte de ti misma que está enfocada en obtener lo que quiere? Está bien observar la reacción violenta, por supuesto, pero no es como observar el origen de la reacción. Por tanto, cuanto más cerca puedas llegar a observar la fuente real de algo, más probabilidades habrá de que las cosas cambien. No que *tú* cambies las cosas, sino que las cosas cambien.

Una vez más, la energía sigue a la atención, por lo que es ahí donde quieres colocar tu atención: en el origen. Y, por supuesto, el origen de la reacción es mucho más sutil que la reacción misma. Las reacciones son mucho más burdas. En lugar de colocar tu atención en la reacción, coloca tu atención en la fuente de la misma, en la causa de la reacción.

Esto implica cierta práctica. No es que la primera vez que lo hagas... *ya está, acabé, lo logré...* porque es muy sutil. Por otra parte, existe lo que llamamos "suerte de principiante". Y algunas veces, la primera vez que intentas algo, porque eres algo inocente con respecto a ello, funciona como por encanto. Y, después, de alguna forma tienes que apretar el paso para mantenerte por delante de la mente, debido a que de inmediato ella se mete y dice: "Está bien, ya gané. ¿Cómo puedo seguir ganando?". Y entonces todo se desbarata.

Para cuando haya una reacción, estarás viendo sólo la consecuencia. Trabaja en colocar tu atención en la fuente de la situación, más que en el resultado de la misma. Define la situación por ti misma, pero en lugar de permitir que tu atención se mueva hacia la reacción, no hagas caso de la reacción cuando no está ahí. (Por tanto, ahora no estás en una reacción, sólo estamos hablando de ella.) Mantén tu atención en: "¿De dónde nace todo este mecanismo?"... mantente en el mecanismo de querer algo, de sentirte frustrada porque no lo consigues y en la reacción consecuente.

Capítulo 9

La mente en el ahora

Reparar al pasado

Probablemente resulte obvio, incluso en el nivel más superficial de la mente, que castigarte durante el resto de tu vida por un error del pasado es innecesario. Por tanto, la idea de la aceptación en relación con las cosas del pasado es: "Pertenecen al pasado. No podemos hacer nada al respecto. Lo único que podemos hacer es con respecto al *ahora*".

Es un poco como con el proceso del karma. La decisión que tomas *ahora* tiene consecuencias, pero no sobre el pasado. Lo que sea que haya pasado, ha pasado. No tiene ninguna autoridad o poder, excepto aquel que le otorguemos.

No importa cuan críticos que hayan sido en el pasado nuestros actos y nuestras experiencias, ya pasaron. Si ahora somos diferentes, entonces la vida responde. Sin embargo, la gente que nos rodea no necesariamente nos responde. En los Estados Unidos existe un amplio programa para que los ex convictos logren encontrar trabajo, pero resulta muy difícil aplicarlo debido a que la gente no confía en ellos. Particularmente, si su crimen fue violento, las personas les temen y temen que todavía sean peligrosos.

Sobre la opinión de los demás no hay nada escrito. Las personas podrían no perdonarte nunca, o no perdonar a ninguno de nosotros, por nuestro pasado. No podemos hacer nada al respecto. No podemos cambiar la mente de las demás personas. Sólo podemos cambiar nuestras mentes.

Si alguna parte del trabajo que estás desempeñando gira alrededor de la opinión de los demás, lo primero que hay que hacer es deshacerse de eso [o sea, de la obsesión con las opiniones de otros], porque sólo puedes lidiar contigo mismo. ¡El pasado se acabó! No hay nada que podamos hacer al respecto. No podemos componerlo. Pero podemos vivir a partir del presente. Si en el pasado alguno de nosotros ha sido egoísta y ha carecido de generosidad, no podremos reparar eso. Pero podemos comenzar a ser generosos ahora, incluso ser generosos con nosotros mismos.

¡Trabaja con la idea de que el pasado se acabó... ya *pasó*! Siempre hay alumnos que acuden conmigo y se disculpan por su pasado. Y eso no significa nada para mí. Una vez que algo ya pasó –a veces tengo una reacción negativa momentánea si alguien realmente echa a perder algún proyecto que le di o algo–, una vez que está hecho, se terminó. Sigo con el siguiente proyecto.

Por tanto, cuando la gente pregunta: "Realmente siento haber hecho eso... ¿podrás acaso confiar en mí de nuevo?". ¡Qué perdida de tiempo y energía! Cada día es un nuevo día, y no importa lo que sucedió hace una semana, o hace diez años. Trabaja esta relación con el pasado, es decir, que ya se acabó, se terminó.

Si vas a tener un montón de amigos, ¿qué tipo de amigos querrás? ¿Amigos que vayan a reclamarte tu pasado y que nunca te perdonarán, o amigos para quienes el pasado es el pasado; para quienes el pasado no significa nada? Obviamente, al tipo de persona con la que te gustaría establecer una relación (como Arnaud Desjardins), y con quien te gustaría entablar una amistad, no le importará tu pasado.

El "niño" en el pasado

Durante un seminario en Francia, en julio de 2007, otra mujer admitió sentir reacciones violentas cuando no lograba lo que quería.

Participante: *Percibo mis reacciones, pero no soy capaz de percibir la fuente de las reacciones. Soy capaz de ver las proyecciones que hago en mi pareja. Sé de dónde viene eso. Viene de mi pasado. De la falta de madre. Parte de mí es esa niña que no obtuvo lo que quería. No obtuvo una madre. Y no tuvo el afecto ni el amor que quería en ese momento. Esa niña está presente. Puedo sentirla.*

Lee: Está bien, ésa es una descripción muy precisa, intelectual. Nadie podría refutarla. Y es también una excusa para no ver con más claridad y mayor profundidad. ¿Dónde está la niña de la que estás hablando ahora?

Participante: *No sé.*

Lee: Exactamente. Porque ella ya no existe.

Participante: *Sí, pero hay una parte de mí que demanda, espera, añora. Y esa parte me ha acompañado durante años.*

Lee: Pero esa parte no tiene que estar aquí, ya que esa niña no está aquí. Y esa niña resulta completamente irracional. La niña no lo obtuvo, y la niña ya no está aquí. Probablemente estés obteniendo lo que quieres y no eres capaz de sentir satisfacción por ello porque todavía le otorgas poder y autoridad a la niña.

A estas alturas, la niña es sólo una fantasía. No existe. Es una idea. Por tanto, mándala a donde pertenece, es decir, al "Museo de las Viejas Ideas" que ya no son relevantes.

Ésta no es una instrucción como: "Aquí tienes un martillo, aquí un clavo: ahora clava el clavo…". No es ese tipo de circunstancia física. Pero, al mismo tiempo, *puedes lograrlo* buscando a la niña, viendo si la puedes encontrar. Y al no encontrarla, entonces tendrás una sensación diferente de ti misma, y podrá suceder algo distinto. Pero tiene que ser un proceso que surja de la experiencia, no un proceso de tipo intelectual. En parte fue para eso que se desarrolló el proceso de *Lying*, para sacar a alguien de su cabeza y meterlo en su experiencia.

La mente en la negación

Otra mujer me dijo, recientemente, que también ella no podía ser feliz ya que su "niña interior" estaba herida, lastimada. Le dije: "La niña ya no existe, por lo que deja de tratar a esa niña como si todavía estuviera allí". Todo era un recuerdo que ella seguía manteniendo vivo y transformando en un holograma. Hacía del recuerdo algo real, cuando era sólo un espectro, un fantasma; no tenía sustancia. Sin embargo, ella todavía le daba sustancia, lo estaba alimentando. Le dije que necesitaba ver la insustancialidad de esos fantasmas, de una manera suficientemente profunda, para no caer en la misma trampa en la que cae la gente loca.

Si no sabemos qué sueños estamos persiguiendo, lo cual es otra manera de decir "¿Qué queremos realmente?" y pensar que no estamos persiguiendo sueños, cuando, de hecho, estamos haciéndolo, entonces hay un obstáculo muy grande entre nosotros y el camino, la enseñanza, la sangha y el gurú. La pregunta "¿qué quiero realmente?" es, de verdad, muy importante porque provoca en la persona que se la plantea, claridad con relación a cualquier nivel de negación en el que se encuentre. Esta mujer pudo haber sido feliz, incluso sin que las circunstancias de su vida hubieran cambiado. Todos nosotros podríamos ser felices con las cosas tal como son, aun cuando sintamos dolor con las cosas tal como son.

Mi indicación "sé feliz" es una indicación para aclarar una situación. No me refiero al contenido formal de una situación, sino a aclarar una situación para que lleguemos a la comprensión de que el dolor puede ser, en muchos casos, innecesario. Si el dolor resulta innecesario, y fuéramos capaces de dejarlo, entonces habría felicidad, de alguna forma, tenue o de otra manera... o maníaca.

Las personas, a menudo, dicen que conmigo "nunca saben qué está pasando". Pero, a pesar de lo que digan, uno de los problemas es que en realidad creen que *siempre* saben. Esto las coloca en desigualdad de condiciones ante otras personas que sí saben más, y otras que saben menos, pero creen saber más, y también las coloca en desigualdad de condiciones ante su sincero deseo de servir, porque *el creer que saben* precipita sus acciones que no provienen del gurú o del maestro, sino de nuestra interpretación del gurú.

Siempre y cuando usemos la mente para decidir qué hacer, no vamos a ser capaces de resolver las cosas. Este complejo del "yo" que es terco, rígido y todo lo demás, no va a ser capaz de llegar a una resolución. Porque, cualesquiera que sean nuestros hábitos, van a estar con nosotros hasta el día que muramos, sin importar lo duro que trabajemos y sin importar, incluso, si agregamos otros diecisiete años de psicoterapia.

Vivir el momento presente

Participante: *Tengo dificultad para vivir el momento presente; caigo constantemente en ensoñaciones.*

Lee: ¿Qué tal si "vivir el momento presente" significara ensoñar en ese momento?

Lo que quiero decir es que, a menudo, rechazamos el momento presente debido a que lo que surge en el momento presente no nos parece muy "presente". La mayoría de nosotros no estamos "presentes" todo el tiempo en el contexto en el que podríamos definir "Presencia". ¿Qué ocurre con el tiempo en el que no estamos en ese estado de "Presencia"? ¿Significa que no estamos presentes? No, por supuesto que no. La práctica consiste en ser con *lo que es, tal cual es, aquí y ahora*. Esta frase no dice: "Acepta lo que es, tal cual es, sólo cuando sientas que eso es 'Presencia' en el sentido más iluminado de la palabra". La práctica consiste en *aceptar lo que es*. No dice: "Acepta *lo que es*, excepto las excepciones". ¡No hay excepciones! *Acepta lo que es* –incluyendo cualquier cosa, cuando eso es *lo que es* en el momento– *tal cual es*. Lo que significa que si en el momento se trata de algo puramente relativo, entonces eso es *lo que es, tal cual es*: ¡relativo! Si es imaginación, proyección, ensoñación, eso es *lo que es*. Acepta lo que es, tal cual es, aquí y ahora. Cada vez que nos surja un concepto que defina "iluminación", "realidad", "verdad"... y apuntemos hacia *esa* definición en todo momento, por supuesto que así nunca la vamos a encontrar.

Si tienes una mente –que todos la tenemos, aun cuando algunas veces actuemos como si no la tuviéramos, particularmente cuando estamos borrachos o hemos sido arrastrados por emociones impulsivas–, habrá veces, en la corriente de la consciencia, que estaremos ensoñando, proyectando, viviendo en el pasado. Y, lo que quita cualquier elemento de relatividad en el campo de la falsedad, es la aceptación de ese elemento de relatividad *tal cual es*, ¡relativo!

Inténtalo. Cuando te sorprendas a ti mismo en la ensoñación, o lo que sea, en lugar de decirte: "No estoy presente, quiero estar presente", simplemente hay que estar presente *tal cual eres*, que en este caso es teniendo ensueños.

Un animado diálogo sobre el ahora

Participante: *Tengo la impresión de que estoy arreglando muchas cosas en mi vida.*

Lee: ¿Estás arreglándolas o no?

Participante: *Sí, es real. De hecho, es real.*

Lee: [en un tono provocativo]: Te oí la primera vez.

Participante: ...

Lee: Sólo estoy bromeando. ¡Cielos!, la primera vez que intenté hacer esto contigo [en un seminario anterior], casi me cortas la cabeza. Por tanto, gracias por ser diferente.

Practicante [con compostura]: *Sin embargo, mi impresión es que no voy a ningún lado.*

Lee: Si *fueras* a algún lugar, ¿a dónde irías?

Participante: *Al Paraíso.*

Lee [Riendo]: ... ¡Ah!, bueno. Si encuentras cómo llegar allá, por favor, házmelo saber. ¿Sabrías si estás ahí?

Participante: *Bueno, precisamente.*

Lee: ¿Precisamente... qué?

Participante: *Hablando concretamente, tengo la impresión de que no voy a ningún lado, de que me estoy perdiendo de algo.*

Lee: ¿Por qué? No has contestado mi pregunta. "¿Reconocerías el Paraíso si lo encontraras?"

Participante: *Me gustaría saberlo.*

Lee: Sí, pero si no *sabes* lo que es, ¿cómo sabes que no lo tienes ahora? ¿Has leído esas historias de ciencia ficción donde la persona se va al cielo, pero resulta completamente opuesto a lo que imaginaba así que piensa que está en el infierno? Por tanto, va con el jefe y le dice: "No me gusta aquí. Quiero salir de este lugar. Qué tengo que hacer par salir de aquí?".

Y el jefe le dice: "¿Quieres decir que no te gusta este lugar? ¿Cuál es el problema?".

Y la persona dice: "Quiero ir al cielo. Soy una buena persona. Llevé una buena vida. Quiero ir al cielo".

Y el jefe responde: "*Estás* en el cielo".

Participante: *Entonces no hay problema.* [Ella ríe.]

Lee [Percibiendo la reacción de la mujer, Lee comenta]: ¡Cielos!, estás verdaderamente suelta, ¿estás borracha? Realmente has cambiado. ¡No estoy bromeando!

Participante: [Ahora riéndose incontrolablemente.]

Lee: ¿Ves?, ahora estás en el Paraíso. Cualquiera que se ría de esa manera... ¡Estás en el Paraíso!

Participante: [más risas, todo alrededor.]

Lee: Eso fue rápido. Lo lograste. ¡Ah!, éste es mi caso más exitoso hasta la fecha.

[Más risas.]

Participante [recobrando el aliento]: *Después voy a sentir como si hubiera ocurrido una catástrofe.*

Lee: [Riendo.] Eso es todavía más chistoso. ¿Por qué? Te lo estás pasando bien. ¿Quién eres tú, una especie de monja de la Edad Media? ¿Después te vas a dar de latigazos? "¡Ah!, querida, me he reído mucho hoy. Creo que necesito sufrir".

No hay problema, ¿para qué crear un problema? Al menos, no hay problema *ahora*. Si insistes en querer crear un problema, me temo que no hay nada que yo pueda hacer al respecto. ¡Pero no tienes por qué hacerlo! Inténtalo. Intenta no darle vida a un problema. Podría parecer algo extraño al principio, debido a que si tenemos el hábito de crear problemas, tan pronto como dejamos de hacerlo, de pronto sentimos un malestar; como si algo estuviera incorrecto. Pero, resulta obvio que si tenemos dos opciones –problema y no problema– la mejor de las dos es que no haya problema. Si nos quedamos con esta opción, después de un rato se siente uno a gusto y en forma. Es una opción viable, ¿por qué no? ¿Qué piensas? Quiero decir que la cuestión real es: "¿Qué *sientes?*". Pero: "¿Qué piensas?" es probablemente una respuesta más divertida. ¿Entonces?

Participante: *Siento que es apropiado.*

Lee: ¡Fabuloso! Gracias.

Magia ordinaria

No cultives la necesidad de certidumbre. Cultiva la receptividad, quizá con un toque de asombro.

A menudo, las personas me dicen: "He tenido una experiencia que da miedo", o "He tenido un sueño que realmente da miedo", y en realidad el sueño o la experiencia constituyen una especie de viaje maravilloso hacia algún reino místico. Pero, debido a que resulta tan diferente de la realidad ordinaria, reciben el regalo de esa experiencia como algo que asusta en lugar de considerarla como una experiencia mágica imponente.

En tibetano hay una palabra, *drala*, que se traduce sin mucho rigor como "magia ordinaria". Esto significa, también traducido sin mucho rigor, que en todo momento de la vida existe la posibilidad de que aparezca la magia; y la magia se traduce como la inmediatez de la presencia de la realidad, aquí y ahora.

"Magia" no significa algún acontecimiento fantástico –tormentas de relámpagos y ángeles revoloteando alrededor de tu cabeza, murmurándote cosas al oído. De la forma en la que los practicantes del camino tántrico del budismo tibetano usan esa palabra, la magia es exactamente *la aceptación de lo que es, tal cual es, aquí y ahora*. A esto lo llaman *drala*.

En esa aceptación hay asombro y magia. ¡Todo es posible! La extensión de la vida se abre ante ti, en lugar de cerrarse para siempre a un diminuto resquicio. (Por cierto, es la primera vez que uso esa palabra, "resquicio". Por tanto, sólo quiero que todos ustedes aprecien eso. La primera vez que uso una palabra en sesenta y tres años; eso les hace a todos ustedes muy especiales.)

Chögyam Trungpa Rimpoché dice que parte de la práctica tántrica consiste en cultivar el *drala* como un estado de ser. Cuando es posible, ayuda a cultivar un sentido de posibilidad en la vida, en lugar del de opresión en la vida; a cultivar la posibilidad de asombro en todo momento.

Una de mis alumnas, que rara vez experimenta visiones, estaba sentada, un día hace veinte años, en nuestro salón de meditación. Bajó la mirada y vio una imagen de Krishna de ocho centímetros, bailando sobre el dedo gordo de su pie. Se frota los ojos, los abre, los vuelve a cerrar, y ahí está Krishna, todavía bailando sobre el dedo gordo de su pie, tocando su flauta y luciendo todo azul y sexy.

Ella fue arrojada a un estado de asombro, y al describirlo después, dijo: "Fue realmente *real*. Fue *realmente* real". Y, afortunadamente, no sacó la experiencia de contexto y no se lanzó al negocio de Madre Divina. Hay mucha gente que comienza a enseñar sobre una base más reducida que ésa.

El Universo es una realidad infinitamente multifacética y quién sabe qué maravillas podrían moverse dentro de nuestras vidas si nos relajáramos y cultiváramos un sentido de posibilidad en lugar de uno de opresión. No es que todo el mundo pase su vida sintiéndose oprimido... pero tenemos muchas y variadas respuestas.

Para cultivar un sentido de la maravilla de la posibilidad, hay que comenzar a tocar esta cualidad del *drala*, reconociendo que la magia no es algo que tengas que perseguir; no es algo que sólo ocurre de vez en cuando, como: "¡Está bien! ¡Voy a aceptar lo que es tal cual es aquí y ahora! ¡Sé que puedo hacerlo ahora! No hay nadie alrededor que me moleste. Todo está en silencio. Tengo dinero en el banco. Soy sano. Está bien, ahora lo voy a hacer". No, el *drala* es posible en cada momento. Cualquier momento es el momento *de aceptar lo que es, tal cual es, aquí y ahora*. No tienes que esperar a que lleguen momentos especiales cuando realmente te sientes entusiasmado con la práctica o cuando te sientes verdaderamente perspicaz. Cada momento es un momento más de posibilidad. Ése es el *drala*, la magia de todos los días o, podríamos decir, de todo *momento* mágico. Cultiva esto.

¿Cómo podrías cultivar algo? Piensas en ello, lo consideras y lo contemplas. Intenta practicarlo. Te preguntas lo que significa. Lo mantienes frente a ti. Así es como lo consideras. Cualquier cosa que esto signifique para ti. Lo mantienes presente. ¿De acuerdo?

PARTE II

LAS EMOCIONES

Capítulo 10

Trabajar con las emociones

No eres tus emociones

Observarnos a nosotros mismos –es decir, ver *lo que es*– consiste en eliminar los velos que mantienen la ilusión de nuestras vidas. Cuando vemos con claridad, no hay ilusión. Sólo hay ilusión cuando vemos de manera nublada. En el campo de las emociones, la gente comúnmente habla de "tener" una emoción. Pero la verdad del asunto es que no "tenemos" una emoción y no podemos tener una emoción. La verdad del asunto es que *creemos* que tenemos una emoción y eso es definitivamente una ilusión. Es una mentira. La emoción surge y nos aferramos a ella como si fuera nuestra. Es un malentendido, una mala interpretación, una identificación equivocada que proclama la emoción como nuestra y actúa como si la emoción fuera nuestra identidad. Pero no lo es.

La emoción puede surgir y puede decaer, y podemos simplemente observarla sin permitir que afecte al cuerpo y a las manifestaciones del cuerpo. No se trata de sentarse sobre ella y obligarla a aterrizar, es sólo una cuestión de observarla surgir y decaer.

Los pensamientos, las emociones y los sentimientos son como olas en el océano. Las olas rompen en la costa y después se retiran. En su estado natural, ningún pensamiento, ningún sentimiento, ninguna emoción dura mucho. Es sólo cuando lo tomamos y nos identificamos con ello que sigue y sigue. Cuando algo nos molesta –tenemos un pensamiento, por ejemplo–, entonces nos obsesionamos, nos obsesionamos y nos obsesionamos. La razón por la cual ese pensamiento simplemente no se desvanece y muere es porque nos aferramos a él; no porque *queramos* aferrarnos a él, sino porque creemos que ese pensamiento en realidad *es* lo que somos.

Decimos: "Yo pienso", "Yo siento", "Yo me emociono", pero, en realidad, no lo hacemos, sólo creemos que lo hacemos. Nos hemos identificado con este complejo mente-cuerpo, por lo que cualquier cosa que surja en el complejo mente-cuerpo, asumimos, automática e inconscientemente, que eso es nosotros. *Y no es nosotros*. Es simplemente que, dentro del complejo mente-cuerpo, los pensamientos, las emociones y los sentimientos surgen y decaen.

Somos previos o estamos más allá de todo esto –todo eso, incluso del amor. "*¡Ah no, eso no!*". Sí, incluso del amor. Somos previos a todo esto. Cuando somos capaces de hacer esta distinción, no en nuestra mente, nuestras emociones o en nuestros sentimientos, sino en aquello que es constante e invariable, es decir la consciencia, entonces podremos observar los pensamientos, las emociones y los sentimientos surgir y decaer sin sentir la necesidad de *hacer* algo al respecto. Ése es uno de los objetivos de la práctica espiritual.

En lugar de usar la mente para analizar lo que surge como: "Me siento enojado y no debería. El enojo no es una emoción buena". O: "En realidad estoy disfrutando el asumir este poder y eso no es tan bueno". No deberíamos perder el tiempo. En cambio, podemos simplemente *observar* lo que surge desde la superficie hasta el fondo de las cosas. Porque en esa observación hay conocimiento y sabiduría. En el análisis mental sólo hay opinión y subjetividad; algunas veces nuestra opinión es precisa, otras veces resulta desatinada; de cualquier manera, sólo es una opinión.

El conocimiento yace en el fondo de nuestro ser y llegamos a él a través de la observación, una observación clara, honesta e imparcial.

Si observamos con claridad, lo que veremos (tal vez no de inmediato, pero si seguimos procesando) es que el "Yo" nunca está enojado. Veremos que el enojo surge en una constelación que rodea pero que no compenetra al "Yo".

El "Yo" es prístino y nada lo afecta. Así como un imán que atrae limaduras hacia sí, el "Yo" ha acumulado una galaxia entera de cualidades, de emociones, de pensamientos, de expectativas que surgen y decaen, basadas en la física de la situación. Entonces se pueden hacer distinciones basadas en la realidad de la situación, más que en la ilusión de la situación. Cada vez que nos sorprendemos a nosotros mismos pensando: "Me estoy enojando", podemos decir: "Espera un minuto, el enojo está surgiendo". Entonces, la pregunta natural que viene a continuación es: "¿De dónde? ¿Donde está surgiendo el enojo?". Por lo que, naturalmente, seremos llevados hacia la observación y hacia una comprensión de la esencia de las cosas.

Emociones *versus* sentimientos: una distinción

A pesar de que comúnmente utilizamos (y me incluyo en esto) el término "emoción" tanto para sentimientos como para emociones, existe una diferencia real entre un sentimiento y una emoción. Un sentimiento es simplemente lo que surge como respuesta a algo, mientras que una emoción es lo que "hacemos"; el estado de ánimo al que damos vida basado en ese sentimiento. Hay emociones positivas y emociones negativas. Las positivas son la felicidad, el placer, el gozo y el asombro, entre otras. Las negativas, obviamente, incluyen el enojo, la frustración, el desaliento y la desilusión.

Se necesita mucha energía para dar vida a las emociones, positivas o negativas, ya que hasta las emociones positivas pueden consumir energía. Ser capaces de sentir y de quedarse con el sentimiento, sin necesariamente seguir el impulso a hacer algo con ello (dar vida a una emoción) es una manera de contener y conservar la energía.

Obviamente existen diferentes tipos de personas: las de tipo *sátvico* y las de tipo *rajásico*, que no van a actuar de la misma manera[1]. El tipo *sátvico* va a ser calmado y auto-contenido, y el tipo *rajásico* va a ser ardiente y gregario. No estoy hablando de la diferencia de los tipos, sino de dejarte ir a la actividad emocional cuando podrías simplemente quedarte con el sentimiento. De todos modos, el sentimiento es lo que resulta esencial. La emoción se sobrepone al sentimiento y, a veces, en realidad, suele complicar todo.

A menudo, cuando decimos: "Me siento feliz", en realidad estamos felices emocionalmente; y *tal vez* también nos sentimos felices. Sin embargo, con frecuencia estamos desconectados. Estamos tan acostumbrados a experimentar las emociones como sentimientos, que normalmente creemos estar sintiendo, y tal vez podríamos estar

---

1. Las tres *gunas* –o fuerzas primarias de la creación– son la sátvica, la rajásica y la tamásica. La sátvica (sattva) se refiere a la condición de la iluminación, claridad, serenidad; la rajásica (rajas) al movimiento, energía y actividad; y la tamásica (tamas) a la inmovilidad y a la inercia.

sintiendo algo muy similar, pero en realidad estamos articulando una emoción y la llamamos sentimiento.

Éste es un tema muy delicado, debido a que uno puede ir demasiado lejos hacia el otro extremo. Uno puede desprenderse totalmente de las relaciones y después decirse: "Bueno, no estoy creando emociones. Estoy *observando*". Si acudes a muchos de los Grupos del Cuarto Camino, particularmente a los tradicionales, verás a algunas personas sentadas sin hacer nada, observando todo, manteniéndose completamente ajenas. Ésa es su idea de contener las emociones. En efecto, podría ser sólo una manera de permanecer fuera de la relación.[2]

Es importante distinguir entre las cosas que consumen "energía para el trabajo" y las cosas que contienen y crean energía para el trabajo.[3] Las reacciones consumen energía para el trabajo. La observación de las cosas sin *reaccionar* (que no significa que no *actúes*) tiende a construir y contener energía para el trabajo. El trabajo físico duro, aun cuando podría agotar al cuerpo, no necesariamente agota la energía para el trabajo. Pero si estás trabajando físicamente, trabajando duro y quejándote todo el tiempo, eso va a acabar con la energía para el trabajo.

Yo solía tomar clases de artes marciales y, cuando un ejercicio me resultaba difícil, acostumbraba resoplar, porque esto lo volvía más fácil. En algún momento, el maestro dijo: "Sin sonidos". Refrenar la tendencia a resoplar o a hacer ruido hizo que me ejercitara más y, a la larga, el cuerpo se volvió más efectivo ya que contuvo la energía en lugar de expresarla.

Si estás en un partido de fútbol americano y tu equipo hace una gran jugada, intercepta un pase y corre derecho a la portería, ¡saltas dando alaridos y gritos y quizá avientes palomitas de maíz por todos lados! Cualquier cosa que hagas, descargas una tremenda cantidad de energía bruta, energía que podría usarse para el trabajo. Esto no quiere decir que no podamos estar felices, entusiastas, contentos y tremendamente excitados por el hecho de que nuestro equipo esté

---

2. Grupos del Cuarto Camino, basados en el trabajo de G. I. Gurdjieff. Él llamó a su método el "Cuarto Camino" porque incorporó y superó los tres caminos demostrados previamente: el del monje, el del faquir y el del yogui. Esta práctica hace un fuerte énfasis en la auto-observación rigurosa y en la práctica de la no-expresión de las emociones negativas.

3. Energía para el trabajo: término que se pidió prestado al Cuarto Camino y que se refiere a la sustancia energética acumulada, almacenada en el complejo mente-cuerpo que, posteriormente, se utiliza para la práctica intencional. Gurdjieff dijo: "Toda la energía gastada en el trabajo consciente resulta una inversión; aquella gastada mecánicamente se pierde para siempre".

jugando bien, pero hay una manera de disfrutar sin dar saltos, gritos y sin levantar tanto los brazos. Habrá variaciones de acuerdo con el tipo. Por tanto, un tipo *rajásico* será más expresivo que uno *satvático* o *tamásico*. Es cuestión de ser capaz de descansar en el espacio entre el sentimiento y la acción. Entonces la distinción se hace clara.

Respuesta *versus* reacción

Arnaud Desjardins creó distinciones para su sangha en cuanto al "activo pasivo" y al "pasivo activo". El "pasivo activo" se da cuando actúas sin impulsividad. Tu acción es simplemente una función de respuesta a la circunstancia. Muchas personas malinterpretan la enseñanza de Arnaud sobre "aceptar lo que es, *tal cual es*". Piensan que "aceptar" significa la no-acción. Piensan: "Voy a 'aceptar lo que es, *tal cual es*' y permanecer aquí como un vegetal". Sin embargo, Arnaud distingue entre responder y reaccionar. Normalmente reaccionamos; es una especie de cosa nerviosa. Y cuando reaccionamos, por supuesto, no aportamos consciencia a la situación, por lo que la gente cree que tiene que apagar o tapar la reacción. Pero no está distinguiendo entre "responder" y "reaccionar".

Si estás en un avión que se sale de la pista y estalla en llamas, y estás "aceptando lo que es, *tal cual es*", reaccionar sería comenzar a gritar y llamar a tu mamá. Responder sería levantarte, ver si estás herido, ver quién necesita ayuda y ponerte a ayudar a la tripulación a sacar a la gente del avión. Sin embargo, a menudo pensamos que "aceptar lo que es, *tal cual es*" consiste en ser completamente pasivo. "Ah, el avión se está saliendo de la pista y está estallando en llamas... Por ende, mi tiempo ha llegado y me voy a sentar aquí aceptando mi muerte, *tal cual es*" y, en absoluto, es lo que Arnaud dice o de lo que habla. Su enseñanza es siempre: "¡Responde, no reacciones!". Reaccionar es un mecanismo inconsciente. Responder es una acción natural y espontánea, basada en una determinación interna, no en un hábito psicológico inconsciente, un guion de vida, un trauma de infancia o lo que sea que genere la reacción, como el miedo, el miedo más bruto.

Una respuesta no requiere investigación. Simplemente, miramos a nuestro alrededor, percibimos lo que se requiere y se necesita, y lo proveemos. Werner Erhard dijo en una ocasión que cada vez que caminaba por Central Park en Nueva York y veía basura en el pasto, la recogía. Después, iba hacia un cubo de basura y la tiraba. Siguió diciendo que, por supuesto, había gente que recibía un sueldo por parte de la ciudad para recoger la basura, pero que, aun así, era un parque público, lleno de belleza y que se suponía que la gente lo disfrutara y a él no le molestaba recoger la basura; no era un problema agacharse y poner algo en su bolsillo o en una bolsa. De cualquier modo, él ya estaba ahí.

Ésta es la idea de una respuesta natural. No tienes que tener ninguna gran sofisticación. No tienes que entender los detalles prácticos del Departamento de Salud Pública de la Ciudad de Nueva York. Simplemente, cuando encuentres basura, tienes que recogerla y colocarla en el basurero más cercano.

La respuesta es una interacción muy natural y obvia ante la circunstancia, tal cual necesita ser. Uno de mis alumnos, caminando por una calle en la India, vio a un hombre golpear a su propia hija. Mi alumno se acercó corriendo y lo detuvo. Esto detonó una reacción en todo el clan al que pertenecía el individuo. Literalmente, iban a matarlo (a mi alumno). Por suerte, se acercó alguien que conocía a ambos, a la familia y a mi alumno, y fue capaz de moderar a la situación que se había creado.

Ciertamente, nadie quiere ver sufrir a un niño. Si consideramos la situación, a la mayoría de nosotros se nos rompería el corazón, seríamos atravesados por el sufrimiento de la circunstancia, y sentiríamos pena por esa niña. Y si nos detuviéramos a pensar y a considerar la totalidad de la situación, podríamos tratar de razonar con el papá para que dejara de golpear a la niña. Sin embargo, aun cuando hagamos lo correcto (y lo que hizo mi alumno *pudo* haber sido lo correcto, no sé), si el motivo de esa acción es la reacción, ciega reacción, entonces no puede haber ayuda, sino conflicto.

Una vez, una niña se atragantó con un pedazo grande de caramelo, se asfixiaba y empezaba a ponerse azul. Por fortuna estaba con su madre quien, inmediatamente, la volteó de cabeza, la golpeó fuertemente en la espalda y el caramelo salió. Si ésa es una reacción, entonces que ¡Dios bendiga a la reacción! ¡La madre de esta niña hizo lo correcto! Sin embargo, desde la perspectiva de la consciencia, aunque hagamos lo correcto, todavía tenemos un objetivo que va más allá y radica en hacer lo correcto como respuesta a la circunstancia, no como reacción a la misma. Y ésa es una distinción muy importante.

No reaccionar nunca es probablemente irreal y antinatural. Pero si nos estamos auto-observando con cierto grado de claridad y nos damos cuenta de una reacción, y ya hemos reaccionado, no podemos tragárnosla. Sin embargo, podemos cortar el hábito de permitir la reacción o de seguir culpando a la otra persona o de permanecer enojados. Consideraremos estas posibilidades con mucha mayor profundidad a lo largo de este libro.

Incluso en una situación más seria –si un doctor te dice que va a tener que amputarte una pierna, por ejemplo– no quiere decir que no habrá un shock provocado por el conocimiento de lo que nos va a pasar o un proceso natural de sufrimiento. Pero estoy hablando de la reacción emocional que es innecesaria. Si sufrimos un shock, *tendremos* una reacción inicial, pero entonces: "Está bien, ésta es la realidad, ¿qué necesito *hacer* ahora?". "¿Con quién necesito hablar?". "¿Qué tengo que hacer para permanecer estable una vez que me han dado esta nueva información?". No es que todo sentimiento muera. Tenemos una reacción inicial, pero después adoptamos la modalidad de "vamos-a-lidiar-con-esto".

A cada emoción–¡no reaccionar!

Si eliges una emoción particular como si fuera diferente a todas las demás, entonces será mucho más difícil lidiar con ella. Sí, algunas emociones resultan más provocativas, más vitales que otras y, aun así, nos acercamos a la práctica relativa a cada emoción de la misma manera. Los celos, por ejemplo, son como cualquier otra emoción.

Aquellos para quienes los celos constituyen un problema y quieren manejarlos para que no les produzcan un desequilibrio, o para que no pierdan el control y decapiten a alguien, ya sea de manera verbal o física, la mayoría de las personas nunca colocaría la felicidad o la sensiblería en la misma categoría. Sin embargo, si tomas como referencia a alguien que es salvaje y apasionadamente celoso y lo ves con un bebé, un cachorro o un gatito, ese alguien podría muy bien decir: "¡Ahhh, eres *taaan* lindo! *Ahhh, cuchi, cuchi*". Si a esa persona le dices eso: "Esa reacción (de sensiblería) es la misma cosa que tu reacción de celos"; te dirá: "¿De qué estás hablando? No es lo mismo". ¡Pero sí lo es! Por tanto, te acercas a cada emoción de la misma manera. Preguntas: "¿Qué es?".

En el curso de Werner Erhard acostumbran hacer un ejercicio

para deshacerse de los dolores de cabeza y lo compartiré con ustedes en caso de que cualquiera desee intentarlo. Percibes el dolor y preguntas: "¿Qué forma tiene? ¿De qué color es?". Y después, tan pronto como lo haces, lo repites. Para cuando te des cuenta de que los dolores de cabeza no tienen ni forma ni color, el dolor de cabeza se habrá ido. Te das cuenta de que algo que estás convirtiendo en una "cosa" no es una cosa; ¡no es nada! Es una reacción.

Entonces, toda emoción es una reacción. *Nosotros* les damos sustancia. *Nosotros* les damos realidad, poder sobre el cuerpo, autoridad cuando, de hecho, no son nada. Son reacciones. Si comienzas a ver cualquier emoción preguntándote: "¿Qué es?". "¿De dónde viene?", en última instancia descubrirás que es sólo una reacción. Y descubrirás que es igual de posible *no* reaccionar que reaccionar.

Obviamente, dados los diferentes laberintos psicológicos de la gente, diferentes personas reaccionan a diferentes cosas con diferentes grados de fuerza. De hecho, a veces, cuando algo nos domina decimos: "Me dejé llevar, no pude controlarme". La gente tiene miedo de perder el control especialmente con emociones como el enojo y los celos. Su argumento es: "No puedo sólo observarlo. Podría matar a alguien, podría partirle la cabeza a mi pareja con una botella o una cacerola de acero". Pero la cosa es que, si *realmente* estás viéndolo, verás lo que es. Y al ver lo que es, la reacción ya no seguirá estando fuera de contexto.

Antes de llegar al punto en el que nos dejemos llevar, es tan fácil no reaccionar como reaccionar. Pero una vez que nos dejamos llevar, nos dejamos llevar. Incluso, probablemente tú mismo hayas tenido la experiencia: estás en medio de una reacción, te dejas llevar y, aun así, algo te detiene. Quizás estés en un pleito furioso con tu pareja y, de repente, algo en tu atención periférica te captura, te das media vuelta y ves la expresión en el rostro de tu hijo. Instantáneamente eres capaz de detener la ola. La respuesta a tu hijo es más importante que quedarte con tu reacción.

Bueno, puedes tener ese tipo de respuesta antes de que la reacción te atrape. Cuando sientas que los celos (o cualquier otra emoción fuerte) están surgiendo –y si pones atención puedes sentir cómo aumentan y cobran velocidad–, entonces la pregunta es: "¿Qué es esto?". Siempre sabemos cuándo algo así está ocurriendo; no se acerca sigilosamente y nos toma por sorpresa.

Hay un concepto que dice que cualquier cosa contra la que

luchemos adquirirá fuerza. Si te peleas contra una emoción, le darás poder. Cada vez que reacciones a la reacción, le otorgarás poder a la reacción, es decir, le estarás dando a esa primera reacción autoridad o poder sobre ti. Por tanto, cuando te sorprendas en una reacción, no querrás reaccionar a la reacción. Querrás *ver* la reacción... la primera reacción. Y la manera de verla es relajándose y observando. Si luchas contra ella, entonces no estarás viendo con claridad. Si tratas de detenerla, matarla, asfixiarla, reprimirla, en realidad la estás reforzando. Trabaja con la idea de no reaccionar a ninguna reacción.

Un ejemplo tomado de Gurdjieff

Hay una historia acerca de Gurdjieff y Kathryn Hulme, una de las Damas de la Soga.[4] Ella tenía un apodo, el Cocodrilo (*Krokodeel* como Gurdjieff lo pronunciaba en inglés). Le dieron ese apodo cuando hizo un viaje en avión desde Europa para estar en Nueva York con Gurdjieff. En su encuentro, ella quiso compartir una experiencia que tuvo en el avión. Había una niña de cuatro años de edad en el avión que viajaba sola para reunirse con sus padres en América. La niña tenía una muñeca y, cada vez que había una dificultad en el vuelo –esto fue en la década de los cuarenta del siglo pasado–, por ejemplo, viento creando una turbulencia, todos los adultos se aterraban, mientras que la niña acariciaba la cabeza de la muñeca y le decía: "Todo está bien, querida. Sólo relájate. Todo estará bien".

Kathryn Hulme describió esta escena con suspiros y un romanticismo total. Decía: "¡Ah!, esa niña era tan madura; era tan crecida y ¡ah!, era tan maravilloso verla".

Lo que no percibió fue que Gurdjieff estaba grabando toda la historia. Y, más tarde, en la noche, después de la cena, Gurdjieff puso la cinta para todos. ¡Al escucharla, sonaba completamente absurda, completamente vacía y completamente llena de emoción sin sentido, nada en absoluto!

Gurdjieff le dio el nombre de "Cocodrilo" debido a que hay una expresión que dice "lágrimas de cocodrilo", que se refiere a alguien demasiado sentimental o romántico acerca de las cosas. Y cuando Kathryn escuchó la cinta se puso furiosa y, durante la reunión, sim-

---

4. "Damas de la Soga": grupo de mujeres con quienes trabajó Gurdjieff durante la Segunda Guerra Mundial. Llamadas así porque se consideraban a ellas mismas atadas a una misma soga, conforme escalaban esta "montaña" del aprendizaje y de la práctica necesaria para trabajar con el ser.

plemente fue incapaz de refrenar su enojo. "Eso no es justo, no me dijiste que esa... cinta estaba grabando. Me has avergonzado enfrente de todo el mundo. Eres un hombre cruel", dijo. Estaba realmente enojada. Fue sólo años después que se dio cuenta del alcance de su falsedad, de su exagerado romanticismo. Y, entonces, fue capaz de escribir sobre la experiencia con verdadera claridad.

Gurdjieff utilizaba una frase: "el horror de la situación". Una de las maneras en las que entiendo eso es que nos vemos a nosotros mismos en toda nuestra brillante y habitual mecanicidad. Werner Erhard solía decir que somos máquinas y que siempre seremos máquinas. Por tanto, puedes ser una máquina inconsciente o una máquina consciente. Si eres consciente, sigues siendo una máquina, pero puedes orientar la máquina en maneras que resulten provechosas, útiles. Si eres una máquina consciente, podrás elegir. Si eres una máquina inconsciente, no tendrás posibilidad alguna de elección, porque, incluso cuando pensamos que estamos eligiendo, nuestra elección es otra forma de no tener elección, debido a que la elección ya está predeterminada por el guion de nuestra vida, nuestra psicología, nuestra mecanicidad.

Si puedes ver tus reacciones sin reaccionar a la reacción... si puedes llegar así de lejos... entonces no necesitas otra indicación. Entonces, las cosas se resolverán solas.

Resulta difícil, lo sé. Y, todos tenemos que empezar desde algún punto. Por lo tanto, si no puedes *no reaccionar* a la reacción, entonces no reacciones a la reacción de la reacción. Cada vez que bajes la cadena reactiva, se hace más fácil atraparla [la reacción a la reacción]. La atrapas ahí donde puedes y entonces trabajas con ella.

Tenemos las respuestas

Cuando hay vergüenza, por tomar un ejemplo, no hace obviamente ningún bien fingir que no está; negarla o tratar de meterla a fuerzas en una pequeña jaula manejable. Sin juzgar a la vergüenza –en el sentido de: "¡Ah!, esto es un obstáculo"; "¡Ah!, ¿por qué estoy así?"; "¡Ah!, debería ser capaz de defenderme a mí mismo...", o lo que sea–, sólo mírala, directamente, con honestidad.

La cosa en sí revela conocimiento. No tienes que buscar respuestas. Todo lo que tienes que hacer es ver lo que está surgiendo sin compromiso. Todas las respuestas no necesitan ser descubiertas.

Tenemos todas las respuestas. No obtenemos las respuestas porque sencillamente las ocultamos. Cuando miras la vergüenza de manera clara, sin compromisos, entonces cualquier información que necesites para ser capaz de hacer que las cosas funcionen más en cuanto a tu vida y a su desenvolvimiento, será obvia, coincidente con una observación imparcial.

Uno de los factores claves radica en no juzgar. Es muy sencillo y difícil, porque estamos tan acostumbrados a "Esto es bueno", "Esto es malo", "Esto es correcto", "Esto es incorrecto" y algunas veces los juicios son muy sutiles. Sin embargo, esto es con lo que queremos trabajar: ¡ningún juicio!

Obviamente, si tomas como referencia a la persona promedio y le das una lista de características, como vergüenza, miedo, enojo, vanidad, avaricia, afecto, reverencia, asombro, dignidad... la mayoría dirá: "Éstas son buenas", "Éstas son malas". "Éstas las queremos, éstas no las queremos". Es una respuesta natural. Sin embargo, para lidiar con la vida de manera directa, sin compromiso, necesitamos no estar continuamente dividiendo, dividiendo, dividiendo. Y todo juicio divide.

El objetivo consiste en darse cuenta de la unidad inherente de las cosas. Y, al interior de esta unidad inherente, queremos tomar consciencia de la multiplicidad relativa, aunque siempre desde el contexto de la realidad de la "unicidad". Por tanto, todo juicio, opinión, edición mental, todo eso divide. Deja de hacer todo aquello que divide. No es cuestión de hacer algo que unifique, es cuestión de dejar de hacer lo que divide. Por ejemplo: *Surge la vergüenza. Está bien, la vergüenza ha surgido. ¿Y ahora qué?* Sólo obsérvala.

Y, cuando estás observando sin dividir, cualquier información que necesites para trabajar con la vergüenza (o cualquier otra emoción) estará ahí. Porque toda la información que necesitamos sobre nosotros mismos, ya la tenemos. Si tenemos una profesión y esa profesión contiene muchos datos, como la de físico o médico, entonces, por supuesto, habrá información que no tenemos; necesitamos estudiar e investigar. Pero en relación con nosotros mismos, tenemos toda la información necesaria, sólo tenemos que permitir que la información entre en la consciencia, que es algo en lo que todos somos expertos en evitar.

El miedo, tal cual es, ahora

Simplemente avanza paso a paso, lo cual es aceptar el miedo (o cualquier otra emoción) *tal cual es*. Sin expectativa. Sin expectativa de lo que te traerá, de a dónde te llevará... ¡nada! Ningún futuro. Sólo acepta el miedo *ahora*, en este momento. Ésa es toda la práctica, toda la *sadhana*, el proceso entero. Entonces verás lo que ocurre.

Si aceptas el miedo en este momento, entonces, quizás, habrá algo diferente en el momento que sigue. Pero el momento siguiente no existe, y si lo creas en tu mente, con tus proyecciones y tus expectativas, entonces será literalmente imposible aceptar el momento presente. ¡Debido a que ya has creado el momento siguiente! Este momento sólo puede ser un efecto del momento siguiente. Tienes que olvidar el momento siguiente y aceptar este momento, aquí y ahora, totalmente, como si no hubiera nada más y nunca hubiera habido nada más.

Un paso a la vez. De otro modo, si ya has planeado el segundo paso, nunca podrás dar el siguiente. ¿Entiendes esto?

Lo chistoso del asunto (no en el sentido de comedia) es que, a menudo, los miedos de la gente no tienen ninguna relación con su realidad presente. Tal vez las raíces de ese miedo sean viejas, incluso, arcaicas... tal vez desde la infancia. Aun así, en nuestras mentes racionales *podemos* ver nuestras vidas y decir: "El miedo está surgiendo, es muy fuerte, y, claramente, no tiene ninguna relación con los elementos físicos reales de mi vida". Después podemos tener la sensación de que, como adultos, no es necesario aferrarnos a dicho miedo.

Ahí donde preocupa el miedo a la escasez, probablemente lo único que esté faltando sea la comprensión de que no carecemos de nada. Empiezas observando la diferencia entre el surgimiento del sentimiento y el surgimiento de la reacción. Incluso, si no hay razón lógica ostensible para que se dé la reacción, aun así es una reacción; en este caso, un sentimiento de carencia. Entonces, utiliza la claridad de tu percepción de esta distinción para provocar la práctica, la práctica de la aceptación. Para el ego, la implicación es: si yo acepto este sentimiento de "no suficiente" -ya sea de dinero, de alimento o de afecto-, no voy a tener suficiente dinero, ni suficiente alimento, ni afecto. Pero, después de que has practicado esa aceptación durante algún tiempo, asimilarás la idea de que no existe ninguna conexión entre este miedo y la realidad. Y eso te proporciona una entrada diferente hacia la relación. Ahí es donde comienzas.

Emociones negativas y emociones positivas

Participante: *¿Por qué las emociones negativas parecen ser más predominantes que las emociones positivas?*

Lee: No importa el porqué. Si eso es *lo que es*, entonces es *lo que es*. Preocuparse por *el porqué* más que por la aceptación, es intelectualizar todo el asunto y sacarlo del dominio de la emoción y el sentimiento. Eso no significa que no debamos usar nuestro intelecto; el intelecto es una gran herramienta y resulta muy útil. Pero también tendemos a usar nuestra inteligencia de manera estratégica para evitar lidiar con las emociones y los sentimientos.

La manera en la que descubres por qué las emociones negativas tienden a predominar consiste, primero, en aceptar las cosas *tal cuales son*. La comprensión es inherente a una completa aceptación, pero la aceptación no constituye un aspecto dado de la claridad intelectual. En consecuencia, podrías descubrir el porqué y tu descripción podría ser verdadera y precisa, pero si en realidad descubriste el porqué antes de que fueras capaz de aceptar, tal como es, la existencia de emociones negativas, entonces la probabilidad de aceptación se verá reducida en un porcentaje significativo.

La mente puede entender de manera muy clara, sin conectarse en absoluto con el resto del cuerpo, que es la condición de la mayoría de las personas. Cuando participan en cualquier forma de psicoterapia, tratan de mentalizar todo el asunto: de estudiar sus sueños, de estudiar su inconsciente y de llegar a una comprensión intelectual, mientras niegan el resto del cuerpo y las emociones. Es por eso que las formas de terapia bioenergéticas son populares en estos días, debido a que estas formas comienzan con el cuerpo para después llegar a la mente.

Trabaja con la aceptación. Si el miedo aparece primero y después la valentía, en el momento en el cual sólo hay miedo y la valentía todavía no aparece, no te aferres a la valentía. Sólo acepta: "Sólo hay miedo. Sólo miedo". Eso es lo que es. Y desde ahí, si lo aceptas, cualquier cosa será posible.

Trabajar con los juicios de otros

Participante: *¿Cómo puedo trabajar con los juicios y el enojo de mi pareja hacia mí?*

Lee: Primero que nada, él es quien es, tú eres quien eres. No lo puedes cambiar. Solamente *él* puede cambiarse a sí mismo. Y, en relación con ayudar a otros a aliviar sus tensiones, mi experiencia me dice que la mejor manera de hacerlo es de manera indirecta, muy discretamente; a través del humor y de una especie de juego. Ya que si tratamos de acercarnos a las tensiones de manera directa, normalmente sólo provocamos enojo y una actitud defensiva.

No sé si tú y tu pareja reís mucho juntos, muchas parejas no lo hacen y es una forma fantástica de sanar y armonizar cualquier relación. En lugar de reírse uno del otro, disfrutan algo juntos.

En relación con tu propia práctica, en lugar de tratar de hacerle un espacio a su enojo, trabaja con tu propia reacción a su juicio. Porque tratar de quedarse callada y hacerle espacio a su enojo es enfocarse más en él que en ti. Es muy común en las relaciones que los juicios sean infundados. La gente quiere cambiar al otro y en su frustración forma juicios que no son muy precisos, sino que son una función de su propia frustración. Si ése es el caso, entonces, de hecho, no deberías tener nada a lo que reaccionar, porque *tú* no eres la persona a la que él está juzgando.

Por tanto, trabaja en tu propio estado del ser. Con tu confianza y respeto a ti misma, desarrollarás la fuerza para comprender que no necesitas reaccionar ante los juicios de otras personas. Esos juicios provienen de otra persona y nunca son tan malos como los juicios contra uno mismo. Por tanto, trabaja fundamentalmente con lo que surja en ti y en eso, habrá una mayor amplitud en lo que se refiere a las manifestaciones de tu pareja.

Por otra parte, algunas veces los juicios de nuestra pareja en realidad podrían ser útiles para nosotros y, a menudo, rechazamos aceptarlos debido al tono en el que se expresan. Cuando alguien con quien tenemos intimidad es crítico con nosotros, podría no tener nada de valor su crítica. Por otro lado, podría haber algo que necesitamos ver. Por tanto, resulta útil cultivar la capacidad de hacer una distinción entre la expresión de la crítica -que a menudo va acompañada de subestima del otro, enojo, degradación y dureza- y la posibilidad de que esta persona con la que tenemos intimidad y que nos conoce bien esté, en realidad, señalando algo. En este caso, no importa el tono porque somos nosotros los que vamos a sacar provecho del asunto, no ellos.

Capítulo 11

"Siéntate con eso" o "haz algo diferente"

Cuando algunas personas han llegado con Lee afligidos por sus dificultades para practicar con la mente y las emociones, él les ha dicho que simplemente "hagan algo diferente": que muevan el cuerpo, o, incluso, que digan a la mente "joder, cállate". Sin embargo, su recomendación principal ha sido mantenerse presentes con lo que surja, "sentarse con eso [con el problema] como un ladrillo", como dijo Werner Erhard. En esta serie de ensayos Lee aborda numerosas maneras sobre cómo trabajar con la mente: desde en qué momento resulta útil "hacer algo diferente" y si esto retrasa o disminuye la práctica de simplemente estar presentes a lo que surja; de aceptar "lo que es, tal cual es".

Cuando se trata de trabajar con emociones, la maestra budista Pema Chödrön sugiere que tan sólo te sientes con la energía emocional y la dejes pasar.[1] ¡Ésta sí que es una idea novedosa! ¿Qué tal?

Seguramente algún estudiante dirá: "He estado 'sentado con eso' durante ocho años... y todavía no pasa". Si ése es el caso, no estás "sentado con eso". Si *realmente* estás sentado con eso, entonces pasará, y relativamente pronto.

Somos criaturas de hábitos. En algunas mujeres, el periodo menstrual llega cada veintiocho días como reloj. Aun así, en el día veintiséis, cuando comienzan a arrancarle la cabeza a la gente por lo nerviosas que se ponen, aunque haya sucedido lo mismo durante treinta años, ellas todavía no lo entienden. Todavía no son capaces de decir: "¡Ah!, son sólo mis hormonas", sentarse con eso y ver que dos días después pasa. En cambio, ellas van de frente y le arrancan

---

1. Lee ha estado leyendo al grupo el libro de Pema Chödrön, *No Time to Lose: A Timely Guide to the Way of the Bodhissatva*, [*No hay tiempo que perder: Una guía oportuna para el camino del Bodhisattva]*, Boston, Shambala, 2005.

la cabeza a la gente, como si fuera en serio. Como si estas emociones fueran *reales*. Es anonadante. (Hablo tanto de esto que estoy seguro de que seré mujer en mi próxima vida. Y que voy a estar embarazada muchas veces, porque sé en qué consiste estar listo para matar. Nunca entres a la cocina a media noche a decirle a una mujer embarazada que no puede comer. ¡No si hay cuchillos en la cocina! Lo mismo ocurre con las mamás durante el periodo de la lactancia.)

Aun en el transcurso general diario de emociones horribles y hermosas... no podemos sólo *sentarnos* con ellas, *relajarnos* con ellas, y dejarlas pasar. En cambio, ¡necesitamos culpar a alguien! Como en un grupo de apoyo, en el que una persona culpa a otra, alguien más se justifica a sí misma, y al final de la reunión todo el mundo llora y se abraza. Pero, lo mismo ocurre en cada reunión: una persona culpa a otra, después la persona que está siendo culpada se justifica a sí misma y comienza a culpar a alguien más, porque todos hacemos lo mismo. Es un gran juego y todo el mundo queda satisfecho. Todo el mundo recibe mierda y luego todo el mundo se defiende hipócritamente, por lo que todos quedan contentos. Todos llegan a sentir como si tuvieran una buena defecación emocional; una maravillosa sesión de "defender sus derechos".

Sin embargo, no existe ninguna ley en el universo que diga que cuando alguien te culpe, tengas que justificarte. Aun así, de todos modos, lo hacemos.

Pema Chödrön también dice que arrojamos querosene a la emoción para que se sienta más real.[2] ¡Eso es! Estamos culpando a alguien y ese alguien se justifica a sí mismo (y ¡Ah, es *taaan* hábil en eso!), entonces podemos realmente lanzarnos a las críticas. Nos encanta cuando alguien se justifica a sí mismo, porque podemos arrojar querosene sobre cualquier emoción que estemos lanzando a la persona que siente que tiene que justificarse a sí misma. ¡Es grandioso! ¡Fabuloso! ¡Si podemos darle cuerda al asunto y realmente agarrarla contra alguien, entonces sentimos que es real! Sentimos que tenemos razón. ¡Y entonces la persona que se está justificando llega a sentir como si su emoción es o era real! Puede decir: "Bueno, tengo que defenderme. Tengo que traer claridad a la situación. Quería que los hechos quedaran bien establecidos".

¿Por qué? ¿Qué importa? Todos hemos vivido relaciones. *¿Alguna*

---

2. Ver nota en la página anterior.

vez han convencido a su pareja de la rectitud de su posición con respecto a los hechos? No me refiero a algo obvio, como cuando tu esposo dice: "¿Cómo pudiste haber gastado tanto dinero en esa silla?". Y respondes: "No me he gastado nada. Alguien me la dio". No me refiero a *ese* tipo de hechos, sino a las cosas subjetivas, como:
- "Me estabas ignorando esta mañana".
- "No, no lo estaba haciendo, dije 'Buenos días'".
- *"No* dijiste 'Buenos días'. No estoy sorda. Estaba sentada en la mesa y no dijiste 'Buenos días'. Fulana estaba también en la mesa. Vamos a preguntarle: '¿Me dijo él buenos días esta mañana?'".
- "No sé, estaba ocupada tratando de armar palabras con las "o" en mi tazón de cereales".

La realidad de las cosas es que no hay nada con lo que puedas contar. A pesar del hecho de que las cosas son bastante confiables –como las computadoras, los frigoríficos, y los automóviles (especialmente si les hemos dado servicio) y, por supuesto, nuestras neurosis resultan bastante confiables también (sabemos quién va a llegar tarde y quién llegará puntual y quién se va a quejar de las difíciles condiciones del viaje y quién no)–, pero, esencialmente, toda forma es vacío y todo vacío es forma. Y, en cualquier momento, podría nacer esta comprensión. Algún acontecimiento espontáneo, algo incontrolable podría irrumpir en la placidez de la previsibilidad de nuestras vidas. Y, bajo esas circunstancias, ayuda el ser capaz de ver dicha circunstancia como una circunstancia que no podemos controlar, y comprender que no necesitamos desplegar la artillería pesada para tratar de hacerlo cómodo, predecible o controlable.

No siempre tenemos que obtener la aprobación de los demás o del mundo que nos rodea. Si estamos pasando la aduana y el agente o la persona de seguridad está de mal humor y nos habla bruscamente, no necesitamos obtener confirmación de que somos buenas personas, excusándonos y sonriéndole, haciéndole una broma, tratando de aligerarle la situación, o tratando de que esté de nuestro lado. Y no necesitamos obtener una confirmación de la rectitud de nuestra integridad para ser respetados como seres humanos, yendo al área de seguridad para quejarnos. No necesitamos recompensa legal que nos haga sentir reconocidos, que la justicia ha sido impartida, que hemos sido aprobados por los demás porque hemos ganado este caso. *Podemos simplemente dejarlo pasar.* ¡Déjalo pasar! En lugar de eso, pensamos: "He estado pagando un seguro; ¿por qué no obtener algo a cambio?".

Las maneras en las que tratamos de obtener "aprobación de los demás" son: ganando un caso en la corte; haciendo que alguien más pague la cuenta. No es sólo con una sonrisa y una palmadita en la espalda que lograremos la aprobación. Tampoco lo es ganando sin importar quien pierda.

Cuando somos capaces de tolerar algo que no podemos controlar, algo que ha cambiado al mundo a nuestro alrededor, algo que nos ha impactado para bien o para mal (debido a que las cosas maravillosas también pueden hacer eso), al "sentarnos con" esas cosas, entonces podemos permitirnos recibir el impacto de la realidad espontánea de la vida, reconociendo que el control es muerte. O, como diría Arnaud Desjardins, "Aceptando *lo que es*, eso es la vida".

Diciendo: "No, no, no, no..." –que es lo que "tratar de controlar todo" es, porque no podemos controlar todo; es una ilusión– tarde o temprano va a surgir *algo* que no podamos controlar.

Una pregunta sobre el control

Participante: *Sólo quisiera ser absolutamente claro.*
Lee: También lo quisiera yo.
Participante: *Bueno, por lo menos quisiera serlo en este punto de tratar de controlar las cosas.*
Lee: Yo sólo quisiera tener algo claro: ¿qué fue primero, el huevo o la gallina? Otros cuestionamientos no me molestan tanto, pero ese... *Realmente, no.* No podría importarme menos. Resulta irrelevante para mí. Sólo pensé que era algo divertido de decir. Quiero decir, ¿a quién le importa? ¡Excepto a algunos pollos filósofos! [*Risas*].

Cuando sientes la urgencia de tratar de controlarte a ti mismo, sólo relájate y observa, observa, observa. Observa el deseo de control y observa la manera en la que la información es procesada. Sólo pon atención. Y si estás poniendo atención en el sentido objetivo de esta frase, entonces surgirá el conocimiento. No tienes que ir tras él, ni estar acomodando las cosas.

Haz algo diferente

Recientemente, alguien me mandó un correo electrónico con una cita relevante de Chögyam Trungpa, que dice: "Así, la confusión y el sufrimiento se han convertido en una ocupación".[3] ¡Es cierto! Estamos dispuestos a quedarnos en la confusión y adoptarla como nuestra ocupación y hacer de ella un patrón habitual de nuestra vida diaria. De hecho, ésa parece ser una de las ocupaciones principales del ego. La confusión provee un terreno estable y familiar en el cual hundirse. También provee una manera tremenda de ocuparnos. Ésa parece ser una de las razones por las que exista un miedo continuo a darse por vencido o rendirse.

Nos parece muy irritante entrar en el espacio abierto del estado meditativo de la mente, debido a nuestra inseguridad en cuanto al manejo de ese estado del despertar. Por tanto, mejor regresamos corriendo a nuestra propia celda en lugar de ser liberados de la prisión. La confusión y el sufrimiento se han convertido en una ocupación, a menudo una situación muy segura o agradable.

Una de las diferencias sobre "hacer algo diferente" cuando se altera la mente, tiene que ver con la claridad de nuestra auto-observación. Si podemos entender que "la confusión (y el sufrimiento) es nuestra ocupación" –si no estamos confundidos con *eso*; si no estamos confundidos con nuestra confusión y no estamos sufriendo con la duda de cómo fue que creamos el sufrimiento– entonces, llegados a ese punto, siempre hacemos algo diferente.

"Sentarse con" algo *tal cual es*, aceptar *lo que es, tal cual es*, es un medio para lograr un fin. Habrá un momento en el cual el medio y el fin resultarán exactamente iguales pero, al principio, cuando comienzas a practicar aceptando *lo que es, tal cual es, aquí y ahora*, esto es un medio para lograr un fin, siendo el fin la comprensión de nuestra "profesión" –que la confusión y el sufrimiento constituyen una profesión (y a veces una profesión muy agradable).

Cuando hemos tomado consciencia de *eso*, entonces también hemos comprendido, de manera coincidente, que aceptar *lo que es, tal cual es, aquí y ahora* no es necesariamente un estado pasivo. Quiere decir que, aunque usemos la palabra "aceptación" (o incluso, podríamos decir "aceptación incondicional"), aceptar incondicionalmente también significa aceptar nuestra inteligencia y el deseo de liberarnos de nuestro sufrimiento: aceptar nuestro deseo no sólo de ayudar a otros, sino de ayudarnos a nosotros mismos.

---

3. Trungpa, Chögyam, Rimpoché, *Transcending Madness: The Experience of the Six Bardos* [*Trascendiendo la locura: la experiencia de los seis bardos*], editado por Judith Lief, Boston, Shambala, 1992, pág. 202.

En todas estas circunstancias, lo que se pide es *actuar*, no decir: "Está bien, he aceptado", y luego simplemente seguir sufriendo. El punto de "sentarse con lo que es", "sentarse con lo que es como un ladrillo", es con el propósito de darse cuenta de algo. Una vez que nos hayamos dado cuenta de lo que es que esa acción de "sentarse con eso como un ladrillo" esté designada a realizar en nosotros, entonces ya no nos sentaremos con el sufrimiento y las circunstancias financieras adversas y el duelo y los celos y el enojo y el miedo. No nos sentamos con esas cosas y dejamos que nos conviertan en idiotas balbucientes. ¡No, *actuamos*! ¡Y en ese momento, una acción apropiada radica en "hacer algo diferente"!

A menudo pensamos que podemos manejar las cosas –como un episodio mental o emocional– cuando en realidad no podemos. Si tenemos una manifestación breve de este evento, aguantamos. En una situación así, todavía tenemos muchas opciones: podemos irnos a casa; podemos irnos de retiro espiritual; sentarnos frente a nuestra mesa de *puja* [pequeño altar devocional]; dedicarnos al estudio; cantar el Nombre de Yogui Ramsuratkumar; llamar a un amigo de la sangha, lo que sea, o podemos tomar un té que sepa horrible, o algunas yerbas chinas: purificamos y quemamos todo este episodio estresante. Pero si pasamos un largo periodo bajo este tipo de influencias, como, por ejemplo, cuando tenemos que permanecer en un trabajo que realmente nos disgusta, entonces la cosa se vuelve muy difícil.

Hacemos "algo diferente" en dos condiciones. Primero, cuando simplemente se trata de una respuesta natural a la situación en la que nos encontramos. En otras palabras, no *tenemos* que hacer algo diferente como si fuera una tecnología motivada para cambiar algún estado negativo; más bien, es esencialmente una elección a favor de la salud. Pero al principio de la práctica, cuando no tenemos ninguna matriz para "sentarnos con eso como un ladrillo", si lo intentamos, vamos a comer o beber hasta caernos, o vamos a hacer algo estúpido, como lastimarnos o provocar un accidente automovilístico. La mayor parte del tiempo no vamos a elegir en pro de la salud. Vamos a hacer una elección como: "¡Ah!, está bien, iré de copas este miércoles, pero, mañana es jueves, así que no voy a tomar nada mañana por la noche". Seguiremos así reforzando las elecciones poco saludables.

Un segundo caso en el que "hacemos algo diferente" es cuando no podemos hacer nada de otra manera; cuando estamos realmente débiles y no podemos "sentarnos con eso como un ladrillo". En cambio, podemos salir a comer, ir a un centro comercial, escoger la película adecuada... cualquier cosa. ¡Podemos empezar a cantar canciones de Broadway! Ocupemos la mente con algo más, aparte de aquello que nos pesa tanto y nos crea sufrimiento, miseria, confusión, duda, desengaño, celos, enojo o miedo. ¡Lo que sea!

Y cuando hayamos desarrollado a través de la práctica -pero recuerda esto: tenemos que *practicar* con el fin de "desarrollar a través de la práctica"; si no practicamos, la frase "cuando desarrollemos fuerza a través de la práctica", no será aplicable para nosotros-, cuando desarrollemos la fuerza para, en realidad, ser capaces de "sentarnos con" algo, para estar presentes con este estado interno doloroso, entonces... Sin embargo, normalmente creemos que nuestro inconsciente es tan demandante que estamos seguros de que tendremos un ataque cardiaco, que moriremos, que vamos a estallar, que... ¡no sabemos ni *qué*! Ésa es exactamente la cuestión: nunca pensamos en este "qué".

Cuando tratamos de "sentarnos con" algo que sentimos no poder soportar, no nos detenemos a preguntar: "¿Qué va a ocurrir si *solamente me quedo aquí* y siento de esta manera?". En cambio, actuamos: nos emborrachamos, consumimos algunas drogas, incluso drogas naturales, como por ejemplo quince tabletas de vitamina C, a pesar de que nuestra mente racional sabe que no podemos digerir tanta vitamina C. Digeriremos tres o cuatro tabletas y el resto simplemente lo desecharemos en la orina, pero nos las tomamos de todos modos, ya que estamos muy desesperados por arreglar cualquier cosa que necesite arreglarse.

Si realmente nos pusiéramos a pensar: "¿Qué *va* a ocurrir si solamente me quedo aquí, así como así?". ¡La respuesta siempre es *nada*! Quiero decir que tal vez le propinemos una patada al perro, está bien. (De todos modos, probablemente el perro se lo merece.)

Hacemos "algo diferente" cuando no tenemos la matriz para "sentarnos con algo como un ladrillo". Es una técnica, está claro, es un método. Es sólo la manera en la que nos distraemos, y lo sabemos. Es justamente lo que haríamos con un niño. Cuando un niño se golpea y llora, o empieza a enojarse y se da cuerda, lo levantamos, corremos a otra parte de la habitación y le ponemos frente a la cara algún animal de peluche, o un pedazo de chocolate, y en un par de minutos su mente habrá cambiado, su atención se habrá ido a otra cosa (ésta es la razón por la que muchos de nosotros tenemos desórdenes alimenticios, porque el alimento funciona como por arte de magia. La comida es una de las mejores distracciones para un niño, y muchos de nuestros padres recurrieron a ella. Yo también la he utilizada en raras ocasiones).

Cuando no tenemos la matriz para "sentarnos con algo como un ladrillo", tratamos nuestras mentes como si fueran bebés, debido a que *son* sólo bebés. Sin embargo, debemos tener muy claro que estamos haciendo algo diferente con el fin de distraer nuestra mente de lo que la deprime, frustra y le crea sufrimiento. Simplemente queremos poner nuestra mente en algo diferente y salir del sufrimiento; podemos hacerlo con claridad, como una técnica intencional, sólo para tomar aliento; sólo para ser capaces de detenernos y tomar aliento, y considerar algo desde una perspectiva distinta.

Obsérvate a ti mismo

Cuando practicamos hasta el punto en el que podemos "sentarnos con algo como un ladrillo", entonces lo hacemos y observamos: *¿Qué me dice esta cosa que observo? ¿Qué me está diciendo? ¿Qué me está diciendo este dolor? ¿Qué me están diciendo estos celos? ¿Cuál es el campo, la red compleja en la cual esta cosa figura en el centro de mi atención?*

Cuando podemos "sentarnos con algo como un ladrillo", nos sentamos con eso y observamos todo el complejo que yace en el núcleo del asunto. Como: "¿Qué *es* esto?". No necesariamente: "¿De dónde viene?", porque ésa no es una pregunta terriblemente importante. Si el de dónde viene se hace aparente en nuestra investigación, quizá resulte útil, quizá no. Pero ésa no es la pregunta más importante. "¿Qué *es* esto: estos celos, este enojo, este miedo?". "¿Qué *es* esto?", es la pregunta más importante.

A algunas personas, por ejemplo, no se les puede callar: nunca dejan de hablar. Sin embargo, ponlas en circunstancias donde estén absolutamente petrificadas y no habrá forma de sacarle un sonido de la boca. Cuando nosotros (o ellos) podamos "sentarnos con *eso*" -el miedo, la vergüenza, la humillación, cualquier cosa que estemos sintiendo- y nuestra auto-observación sea "¿Qué *es* este fenómeno?", entonces podrá suceder algo.

Comienza a auto-observarte en el nivel más burdo: en el del cuerpo físico. Entonces, por ejemplo, si sabes que normalmente estás suelto y relajado, abierto y sociable, pero bajo cierta circunstancia en particular te paralizas completamente, observa lo que está ocurriendo en el cuerpo físico. Observa que tu lengua está seca; que apenas puedes abrir la boca; que tu corazón late rápidamente; que tu cara se ruboriza; observa todos los fenómenos físicos asociados. Después, observa más profundo, más profundo, más profundo.

Cuando *puedes* sentarte con algo, entonces no haces nada más; te sientas con eso. Aquellos de ustedes que hayan tomado el curso "est" en sus inicios, saben que tenían que rellenar una tarjeta donde se preguntaba: "¿Estás en terapia?" y si la respuesta era *sí*, la segunda pregunta era: "¿Tienes éxito en esa terapia?". Lo que quería decir con "éxito en la terapia" era si percibías diferencias en tu comportamiento. El éxito en la terapia se daba cuando los resultados de la terapia, en realidad, se manifestaban de manera tangible, de manera física en tu vida. De la misma forma, cuando somos exitosos en nuestra práctica, el mero hecho de que tengamos que "sentarnos con algo como un ladrillo" se supera por completo, se traspasa, se hace obvio. El mismo asunto podría surgir otra vez, pero ya no reaccionaríamos. ¡Eso es tener éxito! Cuando somos exitosos, como se señaló anteriormente, entonces haremos algo diferente como una respuesta natural a lo que se requiere o necesita en el momento. No *tenemos* que hacerlo; no es una técnica; no es algo que hagamos intencionalmente para cambiar nuestra mente, sólo porque nuestra mente necesite cambiar. Más bien, es simplemente una respuesta natural a la circunstancia.

Las demás revelaciones o introspecciones que tengamos sobre el asunto podrían ser escalones que nos conduzcan al éxito (y hay muchos de esos), profundizando las visiones de diferentes dimensiones de las cosas, pero estas revelaciones no son el éxito en sí. Con el éxito llegamos de manera completa a la raíz absoluta de la situación y la situación deja de ser un problema.

La práctica consiste en construir la matriz para "sentarse con" algo, con el volcán de los sentimientos, o la inmensidad de la emoción, o lo que sea. Supón que estás sentado con una pena y sólo quieres llorar. Realmente llorar fuerte, derramar lágrimas, sollozar. Y supón que eres capaz de, en cierto sentido, interiorizar la inmensidad de eso, el llanto de ese sollozo. Podría, resultar útil, como experimento, buscar catexis[4] en lugar de catarsis,[5] para ver qué produce eso. Porque,

---

4. Catexis: literalmente, invertir energía emocional *en* algo. En el trabajo de Lee, comúnmente significa que la energía emocional simplemente no se expresa.
5. Catarsis: liberar tensión emocional.

normalmente, en la mayoría de los casos, cuando guardamos algo en nuestro interior, eso fuerza la coagulación de la energía, en lugar de gastarla. Y la coagulación de la energía produce un aumento (o, podríamos decir, una intensificación) de lo que estamos observando.

A menudo, al tratar de observarnos, nos hemos entrenado a lo largo de toda la vida a elaborar simpáticas maneras de ver algo de algo completamente distinto, en lugar de la cosa que creemos que estamos tratando de ver. Cuando fuerzas una especie de catexis y la cosa se intensifica, a veces se deja ver por ti.

Sin embargo, algunos de nosotros somos sumamente hábiles, sumamente refinados, y hemos practicado nuestros poderes de auto-observación activamente durante más de la mitad de nuestras vidas. Podríamos estar observándonos internamente y, aun así, permanecer fríos y totalmente en control. Seguro, estamos buscando algo. Pero, lo buscamos *como parte de* la mismísima estrategia que va a perjudicar al "nosotros" que está buscando. ¿Qué tan exitoso puede ser eso? Nos hemos entrenado para hacer descubrimientos sobre la marcha, que llamamos una profundización del auto-conocimiento, pero, de hecho, sólo estamos evitando por completo la cuestión central. Y somos brillantes en eso. Somos perfectos en eso.

Catexis y catarsis

Cuando haces catexis, intensificas la cosa. Sin embargo, para hacer catexis tienes que estar *fuera de control*, para así tener realmente algo con qué hacer catexis. Mientras permanezcas *en control*, no habrá nada con qué hacer catexis. Por tanto, cuando la inmensidad de la situación es tal como para que estés fuera de control, puedes hacer catarsis, que consiste en hacer la "locura", como golpear la almohada; haz tu "rabieta", saca la rabia, respira, grita, llama "mamá, papá", y trata de regresar a tu estado de equilibrio. O, si tienes una matriz de práctica como para que puedas "sentarte con eso como un ladrillo", podrás hacer catexis, que es como hacer pasar el sol por una lente: de repente, tienes algo que va a estallar en llamas en un instante. Entonces, ya no podrás evitar aquello que estás forzado a ver. De otro modo, si haces catarsis, si golpeas la almohada o sollozas, cuando termines de sollozar, la energía que iba a empujarte hacia un territorio hacia el que nunca antes habías estado empujado, es liberada y te encuentras de vuelta "en control" y todo está tranquilo de nuevo.

Si realmente sólo "estás sentado con algo como un ladrillo" no vas a tener que decidir si estás al final del proceso de catexis o no. Sólo seguirás adelante con lo que emerge *ahora*. Puede que te sientas agradecido y aliviado porque la carga se ha hecho menos pesada, esto es natural, pero esencialmente habrá muy poca necesidad de investigar. Todos somos seres altamente inteligentes, así que nuestras capacidades asociativas no van a desaparecer, seguiremos haciendo asociaciones de todas formas, así que no tenemos que investigar. Las conexiones que son útiles van a estar obvias, y las que no serán obvias no serán necesariamente útiles. No tenemos que estar escavando en busca de razones y sentidos. Cuando la experiencia del momento es de alivio, entonces entendemos ciertas cosas y lo que entendemos es todo lo que tenemos que entender. Si empezamos a buscar respuestas, la tendencia va a ser de retroceder. Más vale seguir adelante.

Werner Erhard dijo: "El entendimiento es el premio de los tontos". El entendimiento es para perdedores, porque entiendes con la mente, pero vives con el ser. Entenderás lo que entenderás cuando lo entiendas, de manera natural, porque eres inteligente. Así que no tendrás que tratar de entender. Tienes que percibir desde un punto de vista totalmente diferente: el punto de vista del contexto de la realidad, el cual, por supuesto, resulta confuso, frustrante, enloquecedor y todo lo demás. Pero, esto es lo que se pide. Ves las cosas desde el contexto de la realidad, en la cual toda contradicción deja de ser una contradicción, debido a que vemos las cosas de manera holística en lugar de verlas de manera parcial.

Cambiar de obsesión

Nuestra respuesta a algo siempre es relativa al grado de domesticación y de entrenamiento de nuestra mente. Cuanto más entrenada esta esté, más efectiva será una recomendación del tipo "haz algo diferente". Si cuando nos encontramos en cierto estado de ánimo, podemos cambiar a otro, *así como así*, eso resulta muy efectivo. Sin embargo, si la mente no está muy bien entrenada y no podemos cambiar de estado de ánimo fácilmente, entonces tendremos que usar métodos más estrictos, como un shock –una ducha fría, o lo que sea.

Nuestra respuesta particular a la angustia dependerá, literalmente, del nivel de nuestra práctica. Incluso, alguien con una práctica muy sólida a veces será tomado por sorpresa por algo que lo perturba. Nunca sabremos cuando un cierto *algo* nos va a sacudir; por ejemplo, tanta gente que se ha quedado sin hogar debido a un terremoto.

La mayor recomendación es simplemente: "Estar presente con lo que surja". Sin embargo, uno tiene que practicar *donde uno está*. Por tanto, vamos y hacemos algo diferente cuando tenemos que hacerlo. Si podemos mantenernos presentes con lo que surja, sin lastimar a nadie (no sólo un daño físico sino también psicológico), sin dañar al entorno ni comprometiendo a nuestra práctica, entonces, por supuesto, eso es lo que haremos. Obviamente, si tenemos la mente alterada y alguien nos provoca –y tenemos un punto de quiebre al cual podemos elegir llegar con esa persona o hacer algo diferente–, el decidir hacer algo diferente probablemente nos evitará una cantidad tremenda de dolor, de sufrimiento emocional, resentimientos, y quién sabe qué más.

Quiero enfatizar la idea de que "hacer algo diferente" en el modo ordinario en el que lo entendemos, es sólo *cambiar lo que es tu obsesión del momento*. Cambia tu obsesión por el sufrimiento y ocupa tu mente con algo más creativo, más productivo, más útil, cualquier cosa que sea. Cantar canciones de moda es algo maravilloso; otra cosa que podrías hacer es limpiar tu cuarto, contestar tu correo electrónico, acabar de leer un libro que no has terminado, sacar tu cámara fotográfica, quitar el polvo e ir a la tienda y conversar con el dependiente sobre el tipo de película que necesitas para tomar ciertas fotografías y te vas por ahí y tomas un par de rollos. Es increíble la cantidad de cosas que todos nosotros tenemos y que podríamos utilizar para modificar nuestro enfoque respecto a una compulsión con algo que nos hace sufrir en el instante. Vete a tu armario y comienza a sacar la ropa que no has usado en el último año y que, probablemente, no usarás más y sé realmente honesto contigo: "¿De cuánta ropa me podría deshacer? ¿Y cuánta necesito realmente? Y mira a Yogui Ramsuratkumar. ¿Cuánto necesitaba *él* realmente? No mucho". De hecho, ¡haz una elección consciente!

Las emociones y la voluntad de Dios

Sentir emociones verdaderas no quiere decir que somos limitados. Las emociones son lo que son y puede ocurrir cualquier cosa con relación a ellas, no sólo su expresión o supresión. De hecho, últimamente les he estado respondiendo mucho a las personas cuando preguntan: "¿Qué tengo que hacer con esta emoción cuando surja?". Les digo: "No hagas nada".

Tenemos esta idea de que tenemos que hacer algo con la energía emocional. Y ese punto de vista es muy estrecho. Creemos que sea tenemos que expresarla, en cuyo caso la energía se va, ya no está caliente y, entonces, podemos lidiar con ella una vez que se haya enfriado; sea tenemos que suprimirla, ya que, de algún modo, expresarla es algo malo o poco elegante. Sin embargo, si descansamos en la emoción *tal cual es*, dejándole total espacio... algo más puede ocurrir.

Esta emoción ha surgido del espacio, del Universo entero. Al comprender esto, no tendremos que expresarla o suprimirla. Podríamos limitarnos a dejar que el *espacio* lidie con ella; el espacio, podríamos decir, es la Voluntad de Dios. La Voluntad de Dios se encargará de ella. Entonces, no tendremos que hacer nada al respecto. Sólo déjala ser. De verdad, déjala ser. Entonces, no tendremos más enfermedades psicosomáticas derivadas de estar reprimiendo todo el tiempo. Entonces, la energía se convertirá en energía útil en lugar de quedarse como energía expresada (lo cual al menos quitaría la presión, como una válvula de vapor). O podría convertirse en energía reprimida, que tendrá que hacer algo en el cuerpo, por lo que, de alguna forma, nos hará enfermar.

Si sólo "la dejas ser", esta energía emocional no afectará tu funcionamiento en modo alguno. Lo único que puede afectar tu funcionamiento es hacer algo con la energía desde la perspectiva del ego. Si "dejarla ser" es permitirle ser la Voluntad de Dios, ¿cómo podría ésta afectar a nuestro funcionamiento, a menos que fuera necesario afectar a nuestro funcionamiento? No puedo pensar en ningún ejemplo de algún maestro espiritual en el cual haya sido necesario afectar su funcionamiento, excepto en el caso del *mast*,[6] del que se habló en uno de los libros de Maher Baba. Este hombre arrojó una piedra a alguien y lo mató. El funcionamiento de este *mast* fue afectado en un sentido relativo, debido a que fue enviado a prisión, pero no le afectó en un sentido real. Salió de la cárcel y simplemente regresó a la esquina de la calle donde siempre solía sentarse. Llegaron de vuelta todos sus antiguos devotos a sentarse a sus pies. Y todo siguió como antes.

Recientemente uno de mis alumnos observó que existe una línea

---

6. *Mast*: mujeres y hombres locos, intoxicados de Dios, que la cultura considera, erróneamente, como dementes.

muy sutil entre lo que queremos decir por "hacer algo" con una emoción, y lo que es sólo "dejarla ser". Descubrió que pensar en un estado emocional, ya sea que se trate de un estado de tristeza, o de sensiblería o cualquier otro -aunque él no expresara abiertamente esa emoción ante alguien más-, era una forma vital de "hacer algo" con esa emoción que podía afectar el proceso. "Cualquier pensamiento acerca de ella es como trabajar en ella, es como agitarla" dijo y admitió que le resultaba extremadamente difícil no dejarse atrapar por dicho pensamiento. Definitivamente, estoy de acuerdo.

Hacer cualquier distinción sobre el contenido de nuestros pensamientos y emociones es mucho más difícil que regresar siempre a la premisa básica, que es "No hagas nada". Algunas veces podrías regresar a esa premisa y no ser totalmente eficaz en el manejo de la energía emocional, pero deberías siempre poner la atención en el contexto, en vez de hacer distinciones acerca del contenido. Respecto a dónde colocas tu atención, colócala siempre en el contexto, lo que sólo significa dejar que la emoción exista en el espacio, *tal cual es*, o *lo que es*.

Aunque seamos capaces de apoyarnos en el contexto, puede que siga habiendo todavía algún impulso detrás del hábito que tendrá que acabar su curso. Eventualmente, lo hará, pero al principio todavía tendrá mucho impulso.

El "no hacer nada" y la práctica de la investigación son exactamente la misma cosa, debido a que, cuando la práctica de la investigación es verdadera, no hay "nadie" haciéndola.

Sigue intentándolo

Un participante en un seminario en Francia, desanimado por la sensación de que no progresaba en el aspecto emocional, decía: "Tengo el sentimiento de que realmente he practicado y de que realmente he aplicado todo lo que sé, pero aun así la emoción está presente y no se va, ¿qué puedo hacer?".
Lee le contestó:

Intenta algo que nunca hayas intentado. No necesariamente una *forma* diferente, sino un *estado de ánimo* diferente. Sigue intentándolo hasta que funcione. Ahora bien, si estás intentando la cosa equivocada y obtienes retroalimentación en este sentido por parte de alguien que tenga la experiencia para darte esa retroalimentación,[7] entonces intenta algo diferente.

Si la retroalimentación que obtienes confirma que tu práctica parece clara en la manera en la que la describes, magnífico, entonces solamente sigue tratando.

Si haces lo mismo durante un tiempo suficientemente prolongado, tarde o temprano vas a dar en el clavo. Y puede que la primera vez que funcione no lo puedas sostener para siempre, pero sabrás que ha funcionado y sabrás que estás en el camino correcto, por lo que sigue intentándolo. Y la segunda vez que funcione, entonces habrás obtenido un pequeño refuerzo, y un poco más de confianza, y así sigues intentándolo. Y, en cierto punto, el éxito se hace más consistente que azaroso y entonces estarás realmente agarrando fuerza. De esta manera te vas acercando.

Si te encuentras desalentado porque has intentado todo y no funciona, entonces aplica el mismo sistema a la emoción de desaliento. Ésa es la manera de hacerlo. Cualquier cosa que surja como respuesta a tu sentimiento de: "Esto no está funcionando; realmente he intentado todo; no entiendo por qué esto no está funcionando", inténtalo en relación con *eso*. Aplicas la misma respuesta a cualquier cosa que surja.

Energía atorada

Participante: *Cuando no puedo expresar una emoción, simplemente se atora. ¿Cómo podría...?*

Lee: ¿Qué ocurre si comes algo que no digieres bien y te indigestas?

Participante: *Vomito.*

Lee: O cagas. Por tanto, si la comida está envenenada, vomitarás; si la comida es solamente difícil de digerir, finalmente saldrá por el otro lado: el culo, la culata, la parte trasera, el trasero, las mejillas grandes. Lo mismo ocurre con las emociones. Si estás "obstruido" (o estreñido) porque no puedes expresar emociones y las retienes, tarde o temprano las cagarás y se irán por el retrete en lugar de embarrar a toda la gente con la que vives y trabajas. Hay un refrán en inglés: "*Don't shit where you eat*" ["No cagues donde comes"]. Y lo mismo sucede con la expresión de las emociones.

---

7. Lee se refiere aquí a la retroalimentación o a la guía específica de un maestro espiritual o de un mentor, particularmente en este caso, de uno de los colaboradores que trabaja con alumnos de Arnaud Desjardins.

Participante: *Tú enseñas que es posible interiorizar las emociones. ¿Qué quieres decir cuando comentas que alguien puede "observar el surgimiento de la emoción"? ¿Eso significa colocarla donde no pueda moverse?*

Lee: No, colocarla donde no pueda moverse es encarcelarla. Eso es diferente de interiorizarla o incorporarla.

Participante: *¿Reprimes la emoción?*

Lee: No. Represión, supresión y encarcelamiento no es interiorización. Supresión, represión y encarcelamiento son malsanos. Pueden crear mucha carga y terminar explotando o descomponiéndose o algo parecido. La interiorización significa soltar la identificación con la emoción como si ésta fuera "tú". Entonces la emoción surge, la emoción decae y tú permaneces ecuánime. Eso es interiorización: no caer en la ilusión de que la emoción es lo mismo que tú. ¿Es claro esto en principio?

Participante: *¿Cómo y por qué hace uno eso?*

Lee: ¡Ésa es la pregunta! Por eso entramos en el camino y por eso veinte años después seguimos en él. Estas cosas toman tiempo.

Mi forma de enseñanza, típicamente, no es mediante la explicación directa. En principio, lo que pasa cuando hay demasiada explicación, es que la mente se aferra a la explicación, la monopoliza y no la deja ir a ningún lado. Entonces, nos convence de que tenemos conocimiento completo, cuando todo lo que sabemos es mental. No sabemos con el cuerpo.

Enseño mediante la experiencia. En mi compañía –me refiero a los alumnos que pasan tiempo conmigo, no necesariamente de manera física, sino atmosféricamente en la escuela– la gente descubre que la vida crea circunstancias específicas que les dan la posibilidad de experimentar aquello sobre lo que hemos hablado o aludido. ¿Queda claro en principio?

Dar una explicación demasiado clara en esta situación, en realidad, sería más un detrimento que una ayuda. Tienes que confiar en la sabiduría, el juicio y las bendiciones de tu maestro, que organizará la vida para darte las experiencias necesarias para comprender las respuestas a tus preguntas, de una manera práctica –para que puedas usarlas–, no sólo de manera intelectual. Y eso toma tiempo. No hay vía rápida.

Esperemos que estas observaciones hayan sido semillas que comiencen a crecer y a florecer y, conforme pase el tiempo, ver que empiezas a echar raíces por tu culo. (No creo que haya sido así de crudo en un seminario en los últimos quince años, por lo menos. Debe ser algo que todos ustedes están pidiendo. ¡No soy yo!)

PARTE III

LA PRÁCTICA EN
UN MUNDO TÓXICO

Capítulo 12

La enfermedad de la mente y del cuerpo

Cuando enseñaba el Método Silva, acostumbraba sostener la completa preeminencia de "la mente sobre el cuerpo".[1] Ya no lo hago. Creo que la mente es un factor significativo, pero la toxicidad del mundo en el que vivimos no se puede subestimar. En mucha gente el cuerpo físico ha sido extremadamente sensibilizado. Cuando los pollos comen alimento tóxico, las cáscaras de sus huevos resultan delgadas y débiles. Nuestras "cáscaras de huevo" son sumamente débiles y frágiles. Como raza hemos sido debilitados: todos nuestros sistemas inmunológicos, no sólo el sistema inmune físico, ha sido debilitado por la agresión constante de la toxicidad. Ya no es simplemente una cuestión de que la enfermedad sea psicosomática. La raza humana y, obviamente, el reino animal, están en un estado de transición y la toxicidad juega un papel muy importante en la destrucción de la salud física y mental.

También estoy hablando de toxinas energéticas. En términos de las ocho leyes de Buda, *podemos* poner atención al pensamiento recto, a la palabra recta, a la buena compañía; no queremos subestimar el efecto que esas cosas tienen sobre nuestro estado de ser, en nuestros estados mental y físico. El pensamiento negativo nos afecta de manera absoluta, afecta nuestra salud mental, emocional y física de modo perverso. Deberíamos vigilar, antes que nada, lo que sale de nuestras bocas y entrenarnos a hablar de manera positiva. Conoces el refrán: "Si no puedes decirlo amablemente, no lo digas".

---

1. Método Silva: un método psico-físico de crecimiento personal y sanación, iniciado por José Silva hace más de cincuenta años [N. del T.].

En segundo lugar, después de que hemos desarrollado el hábito de la palabra recta, trabajemos en el pensamiento recto, porque los pensamientos sí tienen un efecto. Sin embargo, como dije antes, incluso si estuviéramos pensando y hablando correctamente y pasando el tiempo en buena compañía, la toxicidad del mundo seguiría afectando a un cierto porcentaje de personas. Hablando de manera general, somos una especie debilitada y tremendamente vulnerable. Y estamos debilitados por toda la toxicidad del mundo, incluyendo las frecuencias de onda corta como el microondas, los rayos X, los teléfonos celulares, la constante contaminación energética de nuestra atmósfera por los satélites, televisión, radio, telefonía celular, todo eso. Toda la tecnología de ondas –todo instrumento inalámbrico, la computadora inalámbrica, todo lo que sea inalámbrico– ¡forzosamente afecta al cuerpo y a la mente!

Si fueras un yogui muy entrenado, serías capaz de protegerte de esas cosas, pero no *podemos* protegernos de ellas por completo. Por lo tanto, simplemente trabajamos con el pensamiento recto y la palabra recta, que deberíamos tomar como práctica seria. E, incluso, sugiero que cuanto más apego emocional tengas con aquél de quien estés hablando negativamente, más negativo será el efecto. Si hablas mal de George Bush, no lo conoces; no significa un bledo para ti. Sin embargo, si hablas mal de tu hermano o hermana, de tu madre o padre, o de alguno de tus compañeros de sangha con quienes estés vinculado, esto conlleva una carga muy pesada; ante todo para ti y también, de una manera más sutil, para la persona de la que hablas.

Cuerpo tóxico/mente tóxica

Chögyam Trungpa dijo que la televisión era el peor invento jamás creado y que destruía las mentes de las personas, las mentes de los niños. Obviamente, las realidades virtuales con las que estamos lidiando ahora son cientos de veces peores que la televisión.

No creo que haya manera alguna de evitar el uso de las computadoras, pero a las personas de mi comunidad que tienen hijos pequeños, les recomiendo que, en ninguna circunstancia, a menos que lo exija la ley, los niños tengan una computadora antes de los catorce años. Para mí, cualquier otra cosa es criminal.

Muchos de nosotros hemos dicho: "Televisión, ¡bu!, ¡bu!". Sin embargo, con las computadoras y con Internet nos miramos unos a otros para ver quién va a ser el primero en conseguir una computadora para su hijo, para que así pueda "matarse" con esta tecnología, incluso más de lo que lo haría con la televisión. En las escuelas, probablemente ahora entrenan a los niños desde el primer grado en adelante a usar computadoras. ¿Sus razones? Bueno: "Hay demasiados disidentes en nuestro gran país. Necesitamos alinearlos". Y, ¡cielos!, *ésa* sí que es una buena manera de hacerlo, metiéndolos *en*-línea. Las personas que crecen con computadoras son completamente maleables, con excepción de los pocos herejes y rebeldes que pelearán contra el sistema. Y, de un modo u otro, probablemente serán perseguidos y atrapados, como a otros desertores en las películas de ciencia ficción. Quizá no en los próximos diez años, pero dale treinta, cuarenta, cincuenta años.

Ahora tenemos generaciones de gente joven criada con alimento tóxico, medio ambiente tóxico, televisión y medios de comunicación. ¿Cómo podrían ser sanos? Es probable que también experimenten algunos elementos de nihilismo, de miedo al futuro, y de preocupación por sus familias y su bienestar. Creo que la forma en la que están presionando a los niños en la escuela genera una preocupación entre la gente joven acerca de su capacidad futura de competir en el mundo con todos estos robots genios que van a estudiar derecho, a convertirse en médicos y todo lo demás. Hay preocupaciones muy reales que tiene la gente joven y que ha tenido durante los últimos treinta o cuarenta años.

Vivimos en un mundo completamente tóxico en el cual los niños, de manera habitual, se están volviendo más y más adictos a un comportamiento venenoso. No me refiero al comportamiento criminal, sino al comportamiento venenoso y las sustancias venenosas, y no hablo de la marihuana. Me refiero a las galletas y a la comida chatarra y a los burritos impregnados de conservantes, a Taco Bell, a Wendy's y a Subway, y a todos esos "lugares buenos" para comer. No creo que el suicidio entre los adolescentes sea un tema fácil de tratar. Creo que resulta imposible separar, en un sentido holístico, la intoxicación completa de la mente y cuerpo de un niño. La química del cuerpo está tan jodida en comparación a la manera natural de ser, que quizás, en cien años, dada la Teoría de la Evolución de Darwin, nos adaptemos. Y quizá, dentro de cien años seamos capaces de comer cualquier cosa y nuestros cuerpos se habrán adaptado a dietas químicas. Pero, por ahora, no creo que podamos eliminar de sus estados mentales y emocionales la total intoxicación que experimentan los niños. Es un asunto muy complicado.

Depresión

Al trabajar con la depresión, la conclusión es que hacemos lo mejor que podemos. Si no somos capaces de mantenernos estables, vamos al siguiente nivel, que es lo mismo que abandonar un tratamiento naturista para adoptar uno alopático. Hay una diferencia entre la depresión psicológica y la depresión espiritual, y es importante no confundirlas. La depresión psicológica se puede tratar, si es necesario, con antidepresivos. La depresión espiritual sería una especie de remordimiento profundo basado en la percepción de la realidad tal como es, o basado en el darte cuenta de tu falta de práctica en el pasado, o de tu falta de voluntad para practicar en el presente. Ese tipo de impacto crea lo que yo llamaría depresión espiritual. Tu compromiso con el camino puede ser incuestionable, pero la toma de consciencia de tus propios fracasos innecesarios relativos al camino puede crear un remordimiento temporal, pero muy profundo. En la circunstancia de depresión generada por el remordimiento, maquillarlo o protegerte contra esta visión y toma de consciencia es completamente contraproducente a la evolución en la práctica. De hecho lo que se busca es permitir que la "quemadura" del remordimiento te impulse.

Chögyam Trungpa Rimpoché llamaba a todas las modalidades terapéuticas, incluso a las modalidades terapéuticas supuestamente basadas en los principios budistas, "el gran camino de descubrirme a mí". No estaba a favor de ninguna de ellas, pero estoy seguro de que permitía a las personas participar en la terapia porque estaba frustrado por la falta de voluntad de la gente para practicar en el nivel que él ofrecía.

Trungpa Rimpoché era muy franco al respecto: si vas a usar tu mente: ¿por qué desperdiciarla tratando de descubrir las fuentes de tu desequilibrio psicológico? Simplemente toma el desequilibrio psicológico y utilízalo como "alimento", como combustible para el trabajo. Era sumamente crítico respecto a tanto regresar a la infancia para descubrir lo que pasó y por qué te sientes del modo en el que te sientes. Y ahora, por supuesto, Chögyam Trungpa Rimpoché es considerado como un gran maestro, aunque en vida fue verdaderamente vilipendiado. Ahora es aclamado, no por todo el mundo, pero sí por fuentes que se negaban a reconocerlo en vida. Hoy, estas mismas fuentes reconocen que él hizo una contribución única al budismo en occidente y que nadie más podría haberlo hecho... y más y más. De cualquier forma, él es alguien a quien hay que escuchar.

Si vas a usar tu mente, ¿por qué no usarla para practicar en lugar de obsesionarte con algo que vas a dejar atrás cuando mueras, algo que no te genera buen karma ni méritos, algo que es sólo una completa auto-maquinación? Obviamente, la parte complicada consiste en distinguir qué condición es "depresión psicológica" y cuál es "depresión espiritual". Uno podría suponer que se reconoce la depresión espiritual debido al enfoque del proceso de pensamiento relativo a lo que es deprimente. Pero, yo no llegaría a una conclusión apresurada. No sería tan veloz en etiquetar la depresión de una o de otra manera, sin importar quién te retroalimente. Dependiendo de que sea un maestro espiritual o un psicólogo el que te retroalimente, vas a obtener una respuesta diferente.

Como sugiere Chögyam Trungpa Rimpoché, permite que tu psicología te demuestre cuán innecesario es afligirse por los traumas pasados. Si recordar y trabajar con un trauma de la infancia puede usarse para aclarar la insustancialidad de los fenómenos psicológicos, en ello hay un gran valor. Si, al contrario, el resurgimiento del trauma te empantana más, entonces el trabajo resultará inútil e, incluso, contraproducente. Utiliza el dolor de cualquier situación para alcanzar a ver el *shunyata* (el vacío) de lo que miras; utiliza el dolor para tener una consciencia mayor de lo que ves o sientes.

Si comparas cualquier referencia psicológica con el dharma, terminarás validando el dharma, así como la insustancialidad de la referencia psicológica. El estudio del dharma es la matriz en la cual te mantienes, para poder utilizar las identificaciones personales y psicológicas como inspiraciones para la práctica.

Trabajando con el pasado

Alumno: *Supongamos que tienes el recuerdo de una experiencia emocional de tu mamá golpeándote en un cuarto. ¿Estás sugiriendo que recordemos eso y consideremos que era nuestro destino kármico de entonces? ¿Te refieres a darse cuenta de que había otros factores involucrados, y no engancharnos en la crítica de la misma manera?*

Lee: No involucrarse en la crítica es el resultado, no el método. El método es: recuerdas el incidente y te dices a ti mismo algo así como: "Bueno, ¿dónde está aquello ahora?". Luego te das cuenta:

"De acuerdo, ahora no está en ningún lugar, por tanto, ¿qué era en aquel tiempo? Bueno, yo era un niño, en aquel entonces era muy vulnerable. ¿Y ahora?".

De esa manera continúas haciendo referencia a una situación hasta que veas que todo en el pasado es completamente insustancial y que ya no existe, excepto en nuestra memoria y en nuestro deseo de seguir dándole vida.

Ayuda terapéutica

Lo que Chögyam Trungpa Rimpoché diría es que no vas a aislar un recuerdo tras una muralla, como si fuera algo sustancial, como si quisieras colocarlo en un lugar donde no pudiera afectarte. No. Quieres traspasar la ilusión de que ese acontecimiento o experiencia es sustancial. Sigue rebotando contra (es decir "trabajando con") el entendimiento de que la ilusión es insustancial en su totalidad. Luego, cuando estés en una situación en la cual un pequeño empujón (como cierta ayuda terapéutica) sea necesario, aceptas ese empujón, psicológicamente, terapéuticamente hablando. Siempre y cuando al "recibir el empujón" o al "entrar en el proceso" entiendas que estás tratando de obtener una ayuda inmediata, para una situación inmediata, y que no debes basar tus esperanzas de iluminación en ese proceso terapéutico.

En nuestra comunidad, la intención es desarrollar un contexto en el cual a las personas que necesiten ya sea un empujón o una regresión en alguna área, o algo más, se les pueda ofrecer este apoyo en el contexto de la práctica. Incluso si la persona se distrae, el terapeuta no, y es capaz de mantener a la persona enfocada en la prioridad correcta sin negar una ayuda inmediata que puede ser muy útil.

Si tu súplica al gurú y al linaje es suficientemente apasionada y genuina, ellos se encargarán de ello en la forma correcta, lo cual no siempre resulta placentero. Podrías hacer la petición en un estado de salud y claridad y, después, cuando te sacuden un poquito, podrías decir: "¡Oye, no pensé que fuera a ser así!".

Cuando surgen estos estados primarios –si surgen como resultado de una plegaria hecha al gurú y al linaje– es muy probable que sean purificadores. Y, cuando surgen dichos estados, uno asumiría que tenemos la capacidad de trabajar con ellos, quizá no al cien por ciento, pero sí lo bastante.

Existe una diferencia entre ser catapultado hacia estados primarios a través de un trauma que sea catalizador –un catalizador que el gurú y el linaje han usado para ponernos "ahí"– por lo que la vulnerabilidad que experimentamos cuando estamos "ahí" es receptiva de la influencia purificadora y de la fuerza de las bendiciones del gurú y del linaje. Contrariamente a un trauma que sólo sea un acontecimiento azaroso, un accidente o, incluso, una respuesta kármica.

Nunca sabemos cuánto van a tardar o cuándo van a ocurrir los grandes avances.

Esclavos de las emociones primarias

Comúnmente, somos esclavos de nuestras emociones primarias. Las cosas nos ocurren y tomamos una decisión basada en ellas. "Soy malo, soy talentoso, soy estúpido", cosas así, y por el resto de nuestras vidas funcionamos de una manera que confirma esa decisión.

Estaba leyendo sobre la anorexia y de cómo un buen número de santos cristianos de la Edad Media eran en realidad anoréxicos, ya que la definición de santidad incluía un odio completo al cuerpo. Era una circunstancia perfecta para ser considerado santo en lugar de ser considerado muy enfermo. La base de la anorexia, según este libro, se encuentra en el sentimiento de nunca ser lo suficientemente bueno. Que se traduce en nunca ser lo suficientemente delgado. Ésta es una decisión que se toma de niño, basada en algún estímulo del ambiente. Quizá nuestro padre nos dice: "Odio a las mujeres gordas; no hay nada peor que las mujeres gordas"; tenemos tres años de edad y algo hace click. Nos pasamos el resto de la vida, sin importar cuál sea la imagen objetiva de nuestro cuerpo, queriendo que nuestro padre nos ame. Sentimos que no lo hace, por lo que adelgazamos y adelgazamos. Es un escenario común basado en una decisión primaria.

Podemos tratar de cambiar esos imperativos primarios mediante un esfuerzo de voluntad, ocasionalmente podremos tener éxito, pero comúnmente no lo tendremos. Nuestro inconsciente siempre hallará la manera de sabotear el cambio. Tenemos un mecanismo de fracaso y acudimos a un curso de pensamiento positivo. Decidimos que vamos a ponernos a trabajar, pensar duro y hacer dinero. Y, de hecho, comenzamos a hacer más dinero, pero siempre ocurre algún desastre que se lleva todas nuestras reservas financieras. Nos saboteamos a nosotros mismos; nuestra casa se quema, destrozamos nuestro automóvil. Siempre pasa algo.

A menudo, las decisiones primarias tienen que ver con nuestro estado emocional, que es más sutil. "Solamente voy a estar feliz (o infeliz) cuando se cumplan estas condiciones", o "Solamente voy a estar pleno de orgullo o vanidad cuando se cumplan estas condiciones". No tiene sentido. Estoy seguro de que todos ustedes han tenido la ocasión de ver a un hombre con cabello postizo terriblemente obvio y barato, viéndose en el espejo como si nadie se diera cuenta de su completa vanidad, cuando en realidad el postizo le hace verse como payaso. O una mujer de sesenta y cinco años vestida como una joven de dieciséis años, pavoneándose ante un espejo, imaginándose que de verdad se ve como una joven de dieciséis años. Cualquiera que vea eso desde fuera se preguntará: "¿Cómo es que esa persona no se da cuenta?".

El punto es que nuestras manifestaciones no son espontáneas y que parte del proceso de transformación, que consiste en aceptarnos tal como somos, no elimina esas características. No se van; se convierten en características que sirven a nuestras vidas, pero que no las definen. Si el furor puede proteger a nuestros hijos, en lugar de decir: "El furor es malo y yo no debería manifestarlo, debería tener ecuanimidad", aceptamos que ahí está y se usa si es necesario.

Por tanto, cuando aceptamos lo que es tal cual es, sin juzgar y sin opinión, se altera el mecanismo de miedo, de enojo o de felicidad. El cuerpo, en su complejidad –no dividido en psicología, personalidad, mente, emoción, el cuerpo astral, el cuerpo etéreo y todo este asunto– comienza a funcionar en forma holística cuando aceptamos lo que es. El cuerpo produce, de manera natural e instintiva, lo que es valioso bajo cualquier circunstancia dada; el cuerpo no manifiesta lo que no es valioso. Si el miedo es valioso, el miedo surgirá. Si el miedo no es valioso, no surgirá.[2]

---

2. Young, M, *As It Is, A Year on the Road With a Tantric Teacher*, [*Tal cual es, un año en el camino con un maestro tántrico*], Prescott, Arizona, Hohm Press, 2000, págs. 499-500.

Capítulo 13

Mantenerse firme en el dharma

Recientemente, un profesor de la Universidad del Estado de Ohio escribió un libro, con datos fundamentados en hechos, para corroborar su tesis de que la probabilidad de que cualquier ciudadano estadounidense sea asesinado en los Estados Unidos por un terrorista es tan pequeña que es estadísticamente insignificante. Esencialmente, está diciendo que todo el "tema" terrorista está fabricado con el fin de que la nación norteamericana entregue por completo su poder y autoridad al gobierno.

La mente es feliz de esconder su cabeza en la arena siempre y cuando pueda ser, aunque sólo en mínima parte, convencida de que consiguió un santuario. Si podemos ser convencidos de que los terroristas son más peligrosos para nosotros que nuestro propio gobierno, entonces, por supuesto, apoyaremos a nuestro gobierno hasta donde sea con tal de que nos proteja de los terroristas.

En los Estados Unidos estamos encaminados en la dirección en la que todo nuestro dinero se gaste para protegernos de ilusiones, en lugar de destinarlo a la educación y al cuidado de la gente. Éste es el origen del problema para empezar. No se puede esperar que alumnos de bachillerato de repente se vuelvan conscientes cuando han sido criados desde bebés, desde que empezaron a entender el lenguaje, a tenerles miedo a aquellos "musulmanes asquerosos", a aquellos "franceses asquerosos" y a cualquiera que no sea aliado de los norteamericanos; o a tenerles miedo a aquellos "negros asquerosos", "judíos asquerosos" y "homosexuales asquerosos"... quien sea y lo que sea a lo que la mayoría de la población norteamericana les dice a sus hijos que hay que temer.

Cuanto más nos movamos en esa dirección, más los medios de comunicación asaltarán a nuestras mentes. Por ejemplo, si caminas en un centro comercial, probablemente no mires cada aparador de cada tienda; si hojeas una revista, probablemente no te detengas y pongas atención en cada anuncio o leas cada artículo. Pero, sabemos por estudios sobre hipnosis y regresión que la mente ve todo y escucha y huele *todo*. Por tanto, cuanto más interés haya en que la sociedad sea de cierta manera, más inundados estaremos por el mensaje de esa "cierta manera", por parte de aquellos que detienen la autoridad, el poder y dichos intereses. Y la mayor parte del tiempo no le pondremos atención a ese mensaje de manera consciente, porque la mayor parte del tiempo ese mensaje estará escondido en artículos, en fotografías, en anuncios o en la música de los centros comerciales. Sabemos que ya está disponible en este momento la tecnología para provocar que la gente esté de humor para comprar, dependiendo de cuáles sonidos o vibraciones estén siendo transmitidos en el centro comercial. El hecho de que haya aparecido un reportaje periodístico acerca de estos experimentos es un milagro. Aun así, un artículo en un diario es una gota en el océano, un grito de indignación, el cual murió pronto. Nadie hace nada al respecto, excepto unos pocos grupos excéntricos.

¡La realidad de la situación en el mundo actual rebasa nuestra capacidad para creer! No está más allá de nuestra imaginación, pero sí más allá de nuestra capacidad para creer. Al escuchar cosas como éstas, como el tráfico sexual de niños, podemos exclamar: "¡Ay, Dios mío!". Pero nuestras mentes inmediatamente dirán: "Eso es imposible. Eso no puede ser, es demasiado horrible, demasiado cruel, demasiado... lo que sea".

Nosotros, alumnos espirituales, intentamos ser parte del movimiento del que habló Paramahansa Yogananda cuando estaba vivo; un movimiento de pequeños grupos de discípulos devotos vinculados entre sí, luchando por sobrevivir en medio del completo deterioro del mundo tal como lo conocemos. Él habló de ir al bosque y de permanecer allí invisibles.

Aquí, en muchos casos, nos encontramos literalmente asaltados por información subliminal mientras una de las cosas que supuestamente deberíamos estar haciendo es tomar decisiones conscientes.

Tenemos una responsabilidad bastante significativa. Somos llamados constantemente a hacer elecciones sobre nuestros hijos, sobre sus vidas y a decidir la actividad que nos dé el sustento que buscamos. ¿En qué basamos las decisiones que tomamos?

Para proteger nuestra práctica (y, protegiendo nuestra práctica, proteger también la autenticidad de esta transmisión a través de nuestras vidas y de las vidas de nuestros hijos y nietos, y así sucesivamente), para mantener vivo este linaje, no hay que caer presas de la dirección en la que está yendo este mundo. No debemos tomar decisiones basadas en lo que nos alimentan los medios de comunicación todo el día y toda la noche. Y nadie puede hacerlo por nosotros. La gente puede ayudarnos a sanar, puede darnos medicina, consejo, muchas formas de ayuda, pero nadie puede hacerse cargo de nuestras mentes.

Saber lo que es

El primer paso hacia la consciencia es conocer en qué dirección está yendo el mundo y saber cómo todo este campo energético es alimentado, mantenido, multiplicado y nutrido. Si alguien dijera: "El mundo es demasiado materialista y estamos perdiendo nuestros valores" la mayoría de nosotros estaría de acuerdo. Entendemos eso. Pero hay una diferencia entre estar de acuerdo con ese punto de vista debido a que sabemos que es verdad y realmente conocerlo.

La técnica para seducir poblaciones enteras no es ningún misterio: acaparas todos los medios de comunicación. Luego permites a los medios de comunicación mantener los nombres de las cosas a los que la gente está acostumbrada, como lo hizo el cristianismo con las religiones de misterio cuando tomó el mando por primera vez. Dejas que las personas se acostumbren a la idea de que las cosas están cambiando y lentamente integras el cambio, hasta que hayas integrado por completo todo el asunto y nadie se de cuenta de que no ha quedado ni rastro de la vieja religión. Ya dominas a toda la población. Si tan sólo te limitas a realizar el cambio, modificando todo repentinamente y esperando que la población se suba al tren, no lo hará porque no usará su inteligencia, ¡incluso si les propones una mejor religión y un seguro médico gratuito con el doctor de tu preferencia! Incluso entonces no subirán al tren si es algo radicalmente diferente a lo que están acostumbrado. La forma en la que se somete a poblaciones enteras es haciéndolo despacio desde la base o de manera indirecta, hasta que estén tan acostumbradas a las nuevas imágenes que, aunque éstas comiencen a ser más comunes que las imágenes de antaño, a la gente no le importará, y después... ¡Se fue!

Depende de nosotros no caer presos, por medio de las decisiones que tomamos, en este tipo de subversión. Cualquiera que sea parte de este linaje es personalmente responsable de asegurarse de que las decisiones que toma son decisiones que apuntan a la claridad, a la integridad de la acción justa, pensamiento justo, meditación justa, buena compañía y las leyes justas de Buda. Y ésa es una cosa muy difícil de hacer porque somos constantemente seducidos por los medios de comunicación que saben cómo abordar nuestros puntos psicológicos más profundos y débiles, y no tienen que decir lo que quieren abiertamente. Pueden usar imágenes y símbolos para hacernos bailar a su ritmo, sin decir de hecho nada de manera que nuestras mentes ni siquiera estén involucradas.

Tenemos que involucrar nuestras mentes. Tenemos que estar atentos si queremos mantener la integridad de este camino y del linaje durante un tiempo largo. Es nuestra responsabilidad inmediata reconocer lo que está ocurriendo en el mundo y no sólo desesperarnos y formular una afirmación filosófica de intención, sino en realidad ser capaces de mantenernos en las decisiones que tomamos día a día. Muchas veces sólo existe la mejor de las malas opciones, como en la política... mucha gente vota *en contra* de algo, más que *por* algo.

Todo el tiempo tomamos decisiones sobre lo que comemos, lo que leemos, las películas que vemos. Es nuestra responsabilidad poner atención en aquello sobre lo que basamos nuestras decisiones, como si no existiera separación entre nuestra práctica y nuestro dharma y cualquier cosa que tenga que ver con nuestras vidas: la escuela pública, los hijos, la profesión, los viajes, en donde quiera que nos encontremos, incluso de compras en Walmart. No debería haber separación alguna, pero aún no hemos aceptado nuestro inconsciente.

Es necesario que afirmemos: "Toda mi vida, desde lo más mundano (como escoger ropa en Sears), hasta sentarse a meditar en la mañana, no está separado del proceso holístico de haber encontrado mi camino, mi gurú, y de haber empezado a practicar en formas muy particulares". Las decisiones que tomamos deberían basarse en el dharma, no en el impulso materialista con el que la cultura y la sociedad nos han inundado durante años.

Recientemente vimos un nuevo documental sobre John Lennon, *The U.S. vs. John Lennon* [Los Estados Unidos versus John Lennon], 2006. Fue conmovedor y tierno, y de alguna manera, muy deprimente. Se debe a que todo aquello de lo que el documental nos insta a tener cuidado, ya ha sido rebasado por mucho con respecto a lo que era cuando vivía John Lennon. Es casi como si ese documental resultara irrelevante, política y socialmente, porque estamos mucho más allá de aquel estado de fascismo. Supongo que cada gota que cae en la cubeta es una gota útil; cada paja sobre la joroba del camello es una paja útil, ¡debido a que nunca sabemos cuál será la última paja!

Nos compete no asumir, incluso inconscientemente, que hay una parte de nuestras vidas que no tiene nada que ver con nuestra participación en el camino. Porque *todo lo relacionado con nuestras vidas* está involucrado –cómo aconsejamos a nuestros hermanos y hermanas, tíos y tías y amigos (muchos de ustedes han recibido llamadas de familiares en algún tipo de crisis y les han pedido consejo). ¿Aconsejamos a la familia y a los amigos basándonos en lo que creemos que es una realidad económica o sobre la base del dharma? Por supuesto que la realidad económica y el dharma tampoco están separados; hay dharma que se aplica a la realidad económica. ¿Cómo echamos raíces, de qué manera nos sumergimos en el dharma, para que éste nos impregne?

Es nuestra responsabilidad personal unificar nuestras vidas al grado de que donde vivamos, comamos, respiremos, nos movamos y pensemos como devotos, esté arraigado en el camino, influido por y educado en el dharma, y reforzado por nuestra práctica, nuestra devoción y nuestra fe.

La última palabra: sólo sé amable

Participante: *¿Podrías explicar cómo se vive la transformación en este cuerpo, ya que está en el presente, aquí y ahora?*
Lee: No, de hecho, no puedo. Bueno, puedo hablar de eso, pero no puedo explicarlo. ¿Hay algo más en tu pregunta?
Participante: *Pregunto esto debido a todas las ilusiones y las imaginaciones que podamos tener acerca de la transformación. Me gustaría saber lo que quizá podría hacer, porque eso es lo que quiero, la transformación.*
Lee: No tienes que etiquetar tus ilusiones para ser capaz de vivir la vida en la realidad o en la verdad. Lo primero es la manera en la que actúes; es decir, con amabilidad, generosidad, compasión, dignidad, respeto, habilidad para extraer dicha de la vida cuando hay dicha, y pesar de la vida cuando hay pesar, sin importar lo que ocurra interna-

mente. Podemos llamarlo discernimiento o discriminación.

Académicamente hablando, si a lo largo de tu vida actuaste con integridad impecable –al servir a otros, al bendecir el universo a través de la claridad de tu comportamiento– no importaría lo que estuvieras pensando o lo que estuvieras haciendo interiormente. Si mueres sin haber dado cabida a las obsesiones negativas del ego –el enojo, la avaricia, la violencia, la crueldad, la mezquindad, lo que sea–, entonces serás considerado un gran santo (y probablemente lo serás).

¡Uno de los problemas de lidiar con la mente es que tenemos que lidiar con la mente! Si no lidiamos con ella en absoluto y simplemente actuamos de una manera consistentemente confiable –con amabilidad, generosidad, compasión, dignidad y demás–, podríamos no sentirnos iluminados, pero *seríamos* iluminados, o por lo menos algo tan bueno o quizá, de hecho, mejor que iluminados.

Epílogo

Una enseñanza más allá de la mente
Por Regina Sara Ryan

El Doctor Robert Svoboda, destacado autor e hinduista erudito, en sus conferencias y seminarios -después de haber pasado horas describiendo alguna técnica intrincada para la disolución kármica o la transformación alquímica-, a menudo advierte a sus oyentes de que hay otra manera de hacer mejor uso de todo el material que acaba de compartir. Puede que diga algo así : "Básicamente, puedes pasar años perfeccionando todo esto, o puedes dejar todo lo que estés haciendo ahora mismo y correr a los Pies del Dios Shiva, e inclinarte diciendo, '¡Oh, Señor!, por favor, acéptame como tu humilde servidor'".

Este comentario, generalmente, asusta al público del Doctor Svoboda. Lo he presenciado en tres ocasiones y he notado que algunos participantes ríen nerviosamente, otros dan un suspiro de alivio y otros más dejan sus bolígrafos por un momento, con los ojos bien abiertos, descansando de la ávida práctica de tomar notas en la que tanto han estado ocupados. Una nube se dispersa en la sala. Se establece una verdad. De algún modo, me parece que todos sabemos que este comentario refleja un nivel más profundo de la verdad, uno que mina toda nuestra codicia de introspección, conocimiento y dominio. En el acto de hacer una reverencia, el Universo se asienta de nuevo. En el acto de invocar al Señor (en este caso Shiva), hemos reconocido nuestra propia impotencia y simultáneamente nos hemos liberado de una gran carga que pesa sobre nuestros hombros: la de mantener la ilusión de la separación.

Al estilo de este ejemplo de Robert Svoboda, pues, este Epílogo, *Una enseñanza más allá de la mente*, es ofrecido como un recordatorio a los lectores. Mi tesis aquí es que la enseñanza de Lee Lozowick sobre la mente y las emociones, que has leído en las páginas anteriores y con la que quizás hayas luchado, llega a su mejor conclusión con una advertencia similar a la del Doctor Svoboda. En mis palabras: "Puedes pasar años trabajando en las técnicas de la práctica: observar la mente, lidiar con las obsesiones, hurgar hasta la raíz de tus adicciones, practicar la no-reacción o la no-expresión de emociones negativas, y demás. O puedes dejar todo lo que estés haciendo ahora mismo y cada vez que se presente la oportunidad, especialmente en los momentos en los que tu mente y emociones estén frenéticamente fuera de control, *correr* a los pies del Señor (tu *ishtaa devata*, tu gurú, o en el caso de Lee, a los pies de Yogui Ramsuratkumar) y hacer una reverencia diciendo: "¡Ah, Señor!, consume esta mente, consume estas emociones y cambia todas las cosas para bien en tu servicio". ¡O cualesquiera otras palabras que funcionen para ti!".

Me atrevo a sugerir que, al hacer caso de este consejo, estarás practicando más a la manera en la que el mismo Lee Lozowick lo hace. Mi atrevimiento surge como resultado de vivir y estudiar las enseñanzas de Lee durante mucho tiempo, específicamente en cuanto a la mente y las emociones se refiere. Durante el proceso de compilación de las transcripciones y la edición del material para este libro –un trabajo que duró cerca de dos años– me tomé unas semanas para asistir a un largo retiro. El material de estudio para este periodo consistió en un texto budista sobre el tema de la mente, junto con el segundo volumen de libro de poesías de Lee, *Gasping for Air in a Vacuum – Poems and Prayers to Yogui Ramsuratkumar* [Buscando desesperadamente el aire en el vacío – Poemas y oraciones a Yogui Ramsuratkumar].

Durante el retiro, luchaba con el proyecto de este libro. *Abundancia o miseria* era todavía una meta muy lejana. A pesar de las cientos de horas de transcripciones con las que contaba para trabajar –algunas de las más relevantes entre ellas las acabas de leer en este libro– estaba muy lejos de quedar satisfecha con la manera en la que estaba representada la enseñanza de Lee sobre la mente y las emociones. Algo faltaba, algo que yo esperaba generar haciéndole preguntas más específicas a Lee al regresar de esta experiencia solitaria en el desierto. Sin embargo, a los tres días de empezar el retiro la respuesta referente a lo que hacía falta se me hizo evidente.

Como parte de la práctica propia del retiro, leía docenas de poemas de Lee cada día, aquellas oraciones y testimonios de alabanza escritos a su Padre, Yogui Ramsuratkumar, desde 1983. Debido a mi actual obsesión con su enseñanza sobre la mente, fui atraída por líneas dispersas donde Lee hablaba de su propia mente llamándola "mente de mono" o "mente estúpida" o incluso la "mente de perro-mono". Cuanto más leía más atónita me dejaba el hecho de que la poesía en realidad contenía consistentes referencias sobre la mente. Y, más aún, estas referencias, una vez identificadas y estudiadas, revelaban un nivel de enseñanza sobre el tema de la mente y las emociones que –aunque quizá sean claramente implícitas en la relación de Lee con la vida y con su maestro, Yogui Ramsuratkumar– estaban, no obstante, raramente elaboradas durante las pláticas habituales de sus seminarios en Francia o en las sesiones donde contesta las preguntas de los estudiantes en su ashram en Arizona. Se me ocurrió, debido a que sus sesiones formales de enseñanza son a menudo orientadas por las preguntas de sus estudiantes, que yo debería buscar en otro lugar para aprender más sobre su relación con "la" mente y con "su" mente en particular.

En última instancia, encontré que su poesía honraba una relación con Dios en la cual la propia mente de Lee ya no se consideraba como "suya". Más bien, con frecuencia se asombra él mismo con el hecho de que, junto con su palabra y el trabajo de sus manos, su corazón y su mente estuvieran entregados desde hace mucho tiempo a los pies de su maestro, Yogui Ramsuratkumar. (Esta entrega se debe al trabajo de Yogui Ramsuratkumar, no al de Lee, según él mismo admite.) Por tanto, desde la perspectiva de Lee, nada de lo que crea la mente tiene implicaciones personales y, en consecuencias, ninguna respuesta emocional es relevante.

Una vez más, en mis palabras, lo que parecía importarle a Lee era su intención de venerar y su constante sí ante la rendición. Que su veneración y adoración parecieran espléndidas o tambaleantes, ya no era su esfuerzo lo que las generaba. Él ya no se identificaba con la mente –su mente– aunque ésta le molestaba, distraía e incluso cautivaba durante periodos largos o cortos de tiempo. En vez de esto, todo –cada pensamiento, cada emoción que surgía, cada palabra que salía de su boca, cada sueño, objetivo, deseo, cada pequeño gesto– daba pie al recuerdo, a una oportunidad para alabar y a un regalo de gratitud que ofrecer a su gurú, Yogui Ramsuratkumar, aquel a través de quien Lee accedió a la fuente del Todo. Sin humildad ni afectación, Lee admite que en su experiencia ya no existe nadie separado que genere pensamientos o emociones.

Esta comprensión de la relación de Lee con la mente y su conexión con la esencia de su relación con su maestro, me entusiasmaron, aunque sobre decirlo. Y me pasé las semanas restantes de mi retiro encontrando más y más ejemplos de este fenómeno. Después, al regresar al ashram de Lee, le presenté mis descubrimientos y le pedí que comentara públicamente sobre este aspecto de su enseñanza. Al fin, pensé, iba a tener una pieza concluyente para su libro; un capítulo que pondría todo lo demás en perspectiva y que sería un regalo final para los lectores.

Sin embargo, Lee me sorprendió de nuevo. "Escríbelo tú", dijo, casi de manera casual, sin una sonrisa o una fruncida de ceño. Casi iba a protestar, pero me mordí los labios. En vez de eso aclaré: "¿Quieres que *yo* escriba un capítulo en el libro –tu libro– en el cual señale otro nivel de tu enseñanza, un nivel que no se encuentra en las conversaciones o explicaciones cotidianas?". "Claro", dijo y sonrió.

Y entonces, un año después, conforme se acercaba rápidamente la fecha de cierre para *Abundancia o miseria*, finalmente me senté a juntarlo todo.

La mente en la poesía

Todo lo que encontré en la poesía de Lee relativo a la mente y las emociones hace eco básicamente con los principios que han caracterizado su Trabajo desde hace mucho tiempo. Comenzó su enseñanza pidiendo afirmar a sus seguidores "Sólo Esto", el medio por el cual uno se alinea completamente con "lo que es, tal cual es, aquí y ahora". Su poesía refleja esto de manera consistente.

Su enseñanza progresó hasta la revelación de que "la única gracia es amar a Dios", en la que reconoció la completa impotencia de la humanidad y su total dependencia de la Voluntad de Dios. Sus poemas están llenos de esta revelación.

Y, finalmente, Lee dio a sus devotos la directriz de cantar el Nombre de Yogui Ramsuratkumar en todas las cosas, en cualquier circunstancia. Si mantenemos a Dios como nuestro foco de atención –dice Lee una y otra vez, en sus poemas y oraciones– todo cae en su lugar. Y esta enseñanza es un eco de la enseñanza de que "El Padre es

Todo", que fue tan radicalmente vivida por Yogui Ramsuratkumar.

Resumiendo, la poesía de Lee demuestra y celebra que no es necesario tener un dharma elaborado, una serie de prácticas complicadas ni una técnica para dominar la mente. Hay, de hecho, otra manera. La tarea consiste, simplemente, en reconocer nuestra impotencia y entregarle todo al Señor. Lee ha corrido a los pies de Yogui Ramsuratkumar y se ha prosternado ante él. Cada uno de nosotros puede hacer lo mismo.

De hecho, en su poesía Lee hace referencia directa a que le ha dado la espalda deliberadamente a las metodologías más tradicionales que intentan elaborar la esencia de la mente. Honestamente, ya no le importa mucho la práctica de domesticar o entrenar la mente desde estas perspectivas convencionales. Si acaso se está haciendo un "entrenamiento" o una "estabilización", éste se logra a través de su constante práctica de entregarle todo a Su Padre. El nombre de Yogui Ramsuratkumar disuelve o destruye la mente. Punto. Entonces, lo Divino se mueve solo, mientras el complejo psicofísico humano provee el vehículo.

Creo que la práctica de Lee de escribir un poema devocional o una oración casi diario ha sido su medio para estabilizarse en esta práctica de entregarle todo a su Padre. Más aún, Lee insta a todo aquel que se acerca a él a repetir el Nombre de Yogui Ramsuratkumar, que es, en efecto, su manera de compartir con nosotros su propio entrenamiento de la mente.

Dos etapas en el Trabajo con la mente

Los diferentes niveles de trabajo con la mente y las emociones a los que aquí me refiero han sido muy bien descritos por otros místicos a través de los tiempos. En el siglo pasado, Sri Aurobindo destacó un proceso en dos etapas en el desenvolvimiento espiritual, en su libro *Synthesis of Yoga* [*La síntesis del yoga*]. Escribió:

> "Primero, estará el esfuerzo personal del ser humano, tan pronto como cobre consciencia mediante su alma, mente y corazón de esta posibilidad divina y se vuelque hacia ella como el verdadero objetivo de la vida, para prepararse para ella y deshacerse de todo lo que en él pertenezca a un funcionamiento inferior, de todo lo que se interponga

en el camino de su apertura a la verdad espiritual y a su poder...".[1]

Esta primera etapa –el tiempo del "esfuerzo personal"– es aquélla en la que nosotros, los lectores de este libro, estamos comprometidos en este momento. Es durante esta etapa de la práctica cuando más nos preocupa hacer lo correcto. Es en esta etapa en la que nos acercamos al profesor o al maestro pidiéndole ayuda en relación con las prácticas o estrategias necesarias para lidiar con la mente salvaje y las emociones que nos obsesionan. Hemos reconocido una "posibilidad divina" y sabemos que debemos estar preparados, debemos "deshacernos" de lo que pertenece a "un funcionamiento inferior".

Y así, este libro, *Abundancia o miseria*, puede servir como manual para esta primera etapa del trabajo espiritual. En las pláticas que Lee ha estado dando durante más de treinta años vemos que ha estado trazando el curso que debe tomarse cuando la mente no está domesticada, cuando las emociones se salen de control, cuando estamos atrapados en la confusión, la duda o el miedo. Nos ha indicado, una y otra vez, cómo recuperar algo de equilibrio. Nos ha recordado que nunca hay que olvidar nuestro objetivo. Sólo entonces, como reflejan también las palabras de Sri Aurobindo, seremos capaces de entrar en la segunda etapa de este Yoga.

> "La segunda etapa del Yoga será, por consiguiente, dejar de manera persistente toda acción de esta naturaleza entre las manos de este gran Poder, una sustitución de su influencia, posesión y trabajo por el esfuerzo personal, hasta que lo Divino, hacia lo que aspiramos, se convierta en el amo directo del Yoga y lleve a cabo la completa conversión espiritual e ideal del ser".[2]

La orientación que Lee da a sus alumnos en esta segunda etapa del Yoga –"dejar de manera constante toda acción... en manos de este gran Poder"–, que es lo que subyace sus enseñanzas más explícitas, se encuentra con claridad cristalina en cada página de poesía que

---

1. Aurobindo, Sri, *The Synthesis of Yoga* [*La síntesis del yoga*], Parte IV, Vol. 21, Librería del Centenario del Nacimiento de Sri Aurobindo, Pondicherry, Ashram Sri Aurobindo, 1972, pág. 592.
2. Aurobindo, *ibid.*

escribe a Yogui Ramsuratkumar. Más aún, aquí encontramos que el "dejar" de Lee no implica ningún esfuerzo. Más bien, su renuncia es en realidad idéntica a un continuo canto victorioso de alabanza, en el que todo se convierte en alimento para el fuego de la adoración.

La poesía de Lee lo orienta (y con él a otros amantes de Dios) hacia la práctica de la Remembranza: la práctica de apelar el Nombre Divino; la práctica de reconocer su propia impotencia y la práctica de esperar pacientemente la infusión de la Bendición Divina. De hecho, creo que precisamente porque esta segunda etapa es central en su enseñanza principal, Lee no puede ser encajonado en un camino de práctica lineal relativo a la primera etapa. Asevero que parece que vive en la segunda etapa y, más allá de eso, en el reino caracterizado por "la completa conversión espiritual y de las ideas", es decir, sometido por la vida de Yogui Ramsuratkumar. ¿Les sorprende que a él no le entusiasme, después de treinta años de instrucción repetitiva, lidiar una y otra vez más con lo básico?

Legitimizar lo ilegítimo: una advertencia

El escritor Lawrence Shainberg (*Memories of Amnesia: A Novel* y *Ambivalent Zen* [Recuerdos de amnesia: Una novela, y El Zen ambivalente] tuvo numerosos contactos personales con Samuel Becket, el dramaturgo ganador del Premio Nobel, que destaca por su visión revolucionaria y su habilidad para comunicar el absurdo, que es una característica de la vida en el aquí y ahora. Al escribir sobre el trabajo de Becket, Shainberg sintió remordimientos de consciencia sobre el hecho de explicar las cosas. Se dio cuenta de la gran devoción del autor "... por lo inmediato y lo concreto, por la Verdad que se convierte en menos Verdadera si se hace de ella un objeto de descripción, *el Ser que la forma excluye*".[3]

Este intento de interpretar el trabajo de un artista convirtiéndolo en "un objeto de descripción", sobre todo cuando sobrepone un significado a una expresión no-lineal, ha sido ampliamente criticado por artistas de todo tipo. Una indecisión similar nubla mi acercamiento a la enseñanza de Lee Lozowick. Mientras me queda claro que Lee trata de despertar a sus oyentes del sueño de la identificación con la mente

---

3. Shainberg, Lawrence, *Exorcising Beckett* [Exorcizando a Becket], en *Writers at Work* [Escritores al trabajo], *The Paris Review Interviews*, Novena Serie, editado por George Plimpton, Nueva York, Penguin Books, 1992, pág. 14.

y las emociones, no me queda en absoluto claro que mi explicación de las cosas sirva a su propósito. Entonces, con esto en mente, en primer lugar se insta al lector a leer sobre todo y ante todo las palabras mismas de Lee: para ser conmovido por ellas, impactado por ellas, aburrido por ellas, si así pasa, y, sólo en segundo lugar, confiar en los comentarios, como éste que estoy haciendo.

"La traducción tiene lugar en el ocaso o crepúsculo donde se encuentran y ocasionalmente colisionan dos mundos diferentes y desiguales", dice el poeta Andrew Schelling cuando se refiere a su trabajo como traductor.[4]

Algo similar ocurre cuando uno comenta la poesía de otro. Resumir el trabajo de toda la vida de un poeta es como tratar de agarrar un río que, en ese momento, se ramifica en nuevos afluentes. El comentario es peligroso, aunque potencialmente vivificante.

Entonces, no te inquietes de la escasa linealidad en las enseñanzas que siguen; no te desanimes si los poemas más recientes a veces parecen contradecir los poemas anteriores. En un poema escrito en la década de los ochenta del siglo pasado, por ejemplo, Lee puede maravillarse de su total absorción en su Padre, Yogui Ramsuratkumar. En otro, escrito a principios del año 2000, puede todavía estar rogando por su gracia. Éstas son enseñanzas contenidas en el contexto del discurso extático. Son poemas, el lenguaje "crepuscular" al que se refiere Andrew Schelling. Todo es relativo al momento y a la disposición amorosa en la cual se encuentra el poeta.

Aun así, y a pesar de las inconsistencias para la mente lógica, hay aquí un enorme valor y una enseñanza vasta y sistemática sobre el trabajo con la mente y las emociones. Por tanto, al presentar lo que sigue, ofrezco las propias palabras de Lee, complementadas con unos subrayados y destacados que pueden guiar al lector para usar este poema para los propósitos arriba esbozados. La anotación *DDM* se refiere a las siglas en inglés del primer volumen del libro de poesía, *Death of a Dishonest Man* [Muerte de un hombre deshonesto]; mientras *GAV* se refiere a las siglas en inglés del segundo volumen *Gasping for Air in a Vacuum* [Buscando desesperadamente el aire en el vacío].

---

4. Schelling, Andrew, *Mirabai's Religion of Forest & Field* [La religión de Mirabai: bosque y campo], en Lee Lozowick, *Death of a Dishonest Man: Poems and Prayers to Yogui Ramsuratkumar* [Muerte de un hombre deshonesto: poemas y oraciones a Yogui Ramsuratkumar], Prescott, Arizona, Hohm Press, 1998, pág. 66.

Enseñanzas sobre la mente y las emociones

1. El fracaso de la mente lógica

La mente lógica no es la medida de este Camino, dice lee[5] en este poema de 1996. Los eruditos y expertos que idolatran esta mente racional terminarán, en última instancia, con las manos llenas de piedras e ilusiones, mientras que los amantes, gobernados por el corazón, morarán en la tierra de la Fe y la Devoción. ¿Qué enfoque escogeremos nosotros?

> *The skeptics and cynics say*
>   *that Devotion is out of date*
> *in these modern times.*
> *...Such people say that science*
> *is the new religion*
>   *and that technical proof of God*
> *is an immanent discovery.*
>   *These contemporary pundits*
> *say Faith is a superstition*
>   *and that we must consider facts*
> *coolly, analytically and rationally.*
>   *They idolize the logical mind,*
> *applying mathematical formulae*
>   *to the nature of the Heart.*
> *This is lee lozowick,*
>   *the true heart-son*
> *of Yogi Ramsuratkumar, Who is*
>   *the inspirer of Faith and Devotion,*
> *the Seat of Tradition and Truth,*
>   *and the dispeller of illusion and lies.*
> *This is lee lozowick,*
>   *His crazy Heretic and arrogant Fool,*
> *praising Him for being*
>   *a dirty Beggar and a mad Sinner.*
> *Let them say what they will,*
>   *let them wander barren fields,*

---

5. El nombre de Lee aparece con "l" minúscula en el original, en este caso y en otros a lo largo de este Epílogo [N. del T.].

seeing lush countryside
   where there is only stone.
Let them claim substance
   where there is only mirage.
There will always be the lost
   and always be those who find.
The Father of this little sinner
   is a beacon of Light,
brilliant and illuminating
   to the nomads of God.
Let Him draw those faithful
   to Himself, as moth to flame,
while His son this bad Poet
   rants and rages and raves
but still worships Him
   with adoration firmly rooted
in Faith and Devotion,
   heresies to a world gone mad.
lee will not suppress
   this joy because
it is no socially acceptable!
   You have broken his heart
and resurrected Faith and Devotion
   in place of the illusions
which You have so effectively
   shattered.
lee is quite unconcerned, Father.
   This is all Your problem!
   –GAV, July 13, 1996

Los escépticos y cínicos dicen
   que la Devoción no está de moda
en estos tiempos modernos.
   Esta gente dice que la ciencia
es la nueva religión
   y que la prueba técnica de Dios
es un descubrimiento inminente.
   Estos eruditos contemporáneos
dicen que la Fe es una superstición

y que debemos considerar los hechos
de manera fría, analítica y racional.
   Idolatran la mente lógica,
aplicando fórmulas matemáticas
   a la naturaleza del Corazón.
Éste es lee lozowick,
   el verdadero hijo-del-corazón
de Yogui Ramsuratkumar, Quien es
   el inspirador de Fe y Devoción,
   el Asiento de la Tradición y de la Verdad,
   y el disipador de ilusiones y mentiras.
Éste es lee lozowick,
   Su Hereje loco y Bufón arrogante
alabándolo a Él por ser
   un sucio Pordiosero y un loco Pecador.
Déjalos decir lo que dirán,
   déjalos vagar en campos baldíos,
viendo campiña exuberante
   allí donde sólo hay rocas.
Déjalos proclamar sustancia
   donde sólo hay espejismo.
Siempre habrá quien se pierda
   y siempre habrá quien encuentre.
El Padre de este pequeño pecador
   es un haz de Luz,
brillante e iluminante
   para los nómadas de Dios.
Déjalo a Él atraer a los fieles
   hacia Él Mismo, como polillas a la flama,
mientras que Su hijo este mal Poeta
   maldice, rabia y delira
pero aun así Lo venera
   con adoración firmemente enraizada
en Fe y Devoción,
   herejías para un mundo enloquecido.
¡lee no reprimirá
   esta dicha porque
no es socialmente aceptable!
   Tú has roto su corazón

y resucitado Fe y Devoción
   en lugar de las ilusiones
que tan efectivamente has
   destrozado.
A lee no le importa, Padre.
¡Es Tu problema!
–GAV, 13 de julio de 1996

2. *El nombre de Yogui Ramsuratkumar, una herramienta para trabajar con
la mente.*

Aquí Lee describe las condiciones cotidianas de nuestras mentes y
corazones. Y presenta la solución sencilla para todo esto.

The mind sets up expectations and projections,
   solidifies, crystallizes and rigidifies them,
and then defends them against intrusions,
   even of truth or reality.
We live in a dream, refusing to awaken,
   and come to believe that the dream is real.
Thank God we have you, Yogi Ramsuratkumar.
   You soften the hard wall of our fortress,
You round the sharp edges, You melt the ice
   of our resistance, You pierce our hearts
   with Your Love.
You, fiercest of warriors, most skillful
   Divine Diplomat,
   You are our hope and our need,
without You we are lost in our vanity
   and blindness, believing ourselves to be
even wiser than the almighty Creator Himself.
   Oh You, most sweet and compassionate
Lord and Father, we bow before You with gratitude
   and awe for Your sacrifice on our behalves.
You call us home from our endless wandering
   in the wilderness of illusion, faithlessness
   and confusion.
You comfort us with affection, understanding
   and Your ever-flowing Grace and Blessings.

You warn us with the fire of Your Regard
and Mercy, keeping us safe from harm.
We play at Your Feet, like happy children, secure and
  unconcerned with problems and life ahead
and You care for us, the ever-mindful Father
  that Your Father has given to us.
You give us Your Name, Yogi Ramsuratkumar,
  to inspire us and to brighten our lives.
Truly, You are most gracious, generous and good,
  and truly, we are fortunate beyond measure
to have found You and crawled to Your door.
  This is Your true heart-son, lee lozowick,
Praising You effusively and revealing Your Madness
to the world, Your world, though most don't know it.
And this is Your wild Heretic and little sinner,
  aglow with the Radiance of You, oh Sun of God.
  –GAV, 25 December 1999

La mente crea expectativas y proyecciones,
  las solidifica, cristaliza y vuelve rígidas,
y luego las defiende de las intrusiones,
  incluso de la verdad o realidad.
Vivimos en un sueño, negándonos a despertar,
  y llegamos a creer que el sueño es real.
Gracias a Dios que te tenemos, Yogui Ramsuratkumar.
  Tú suavizas la dura pared de nuestra fortaleza,
Tú redondeas las aristas filosas, Tú derrites el hielo
  de nuestra resistencia, Tú penetras nuestros corazones
  con Tu Amor.
  Tú, el más feroz de los guerreros, el más hábil
  Diplomático Divino,
  Tú eres nuestra esperanza y nuestra necesidad,
sin Ti estamos perdidos en nuestra vanidad
  y ceguera, creyéndonos ser
más sabios aun que el Mismo y todopoderoso Creador.
  Oh, Tú, el más dulce y compasivo
Señor y Padre, nos inclinamos ante Ti con gratitud
  y asombro por Tu sacrificio para nosotros.
Tú nos llamas a casa desde nuestro interminable vagar

en la selva de la ilusión, falta de fe
y confusión.
Tú nos confortas con cariño, comprensión
y Tu inagotable Gracia y Bendiciones.
Tú nos calientas con el fuego de Tu Consideración
y Misericordia, manteniéndonos a salvo del peligro.
Jugamos a Tus Pies, como niños felices, seguros y
despreocupados por los problemas y la vida por venir
y Tú nos cuidas, el Padre siempre atento
que Tu Padre nos ha dado.
Nos has dado Tu Nombre, Yogui Ramsuratkumar,
para inspirarnos y para iluminar nuestras vidas.
En verdad, Tú eres muy gentil, generoso y bueno,
y en verdad, somos inconmensurablemente afortunados
de haberte encontrado y de habernos arrastrado hasta Tu puerta.
Éste es Tu verdadero hijo-del-corazón, lee lozowick,
alabándote efusivamente y revelando Tu Locura
al mundo, que es Tu mundo, aunque muchos no lo saben.
Y éste es Tu Hereje salvaje y pequeño pecador,
irradiado por Tu Resplandor, oh Sol de Dios.
–GAV, 25 de diciembre de 1999

Este mismo tema fue presentado en un poema anterior, en el cual
Lee se refiere a sí mismo como a un "pequeño pordiosero":

You know Father, Yogi Ramsuratkumar,
Your bad Poet of a son has high aspirations.
In fact he would like nothing more
than serve Your Work
in whatever ways You would wish.
Then there is the monkey-mind,
who's aspirations are of a different sort.
The mind wants fame, recognition,
a throne for the great devotee
of the greatest dirty Beggar who
ever existed in and out of time and space.
The monkey-mind wants adulation.
lee says, somewhere between these two aspirations,
"Yes, the little beggar can stay

totally detached amidst the furor of the world."
  But it really matters not,
for Your Benediction permeates it all.
  It is You who act here,
You who pretend to still be lee,
  even though that one has disappeared long ago.
So there is no fear of betrayal here,
  Your Work, Your Will is already assured.
Let Your wild Heretic tell You now,
  and with complete and total certitude:
"Your bad Poet of a son will do nothing
  but serve Your Work
in whatever ways You wish."
  So place him at the front
of hidden away in the corner,
  it is of no real concern to lee.
As long as Your Work benefits,
  this heart leaps with gladness
and these eyes mist with tears of love,
  gratitude and awe.
And never will Your Name be distant
  but echoing in every cell of Your son's body,
in every thought of his mind
  and sung joyously with his quavering voice.
-DDM, August 30, 1997

Sabes Padre, Yogui Ramsuratkumar,
  el mal Poeta de Tu hijo tiene altas aspiraciones.
De hecho no le gustaría nada más
  que servir a Tu Trabajo
en todas las formas que Tú desearas.
  También existe la mente-mono,
cuyas aspiraciones son de diferente tipo.
  La mente quiere fama, reconocimiento,
un trono para el gran devoto
  del sucio Pordiosero más grandioso que
jamás haya existido dentro y fuera del tiempo y del espacio.
  La mente-mono quiere adulación.
lee dice, en algún lugar entre estas dos aspiraciones,

"Sí, el pequeño pordiosero puede permanecer
totalmente desapegado en medio del furor del mundo".
    Pero en realidad no importa,
porque Tu Bendición permea todo.
    Eres Tú quien actúa aquí,
Tú quien todavía pretende ser lee,
    aun cuando aquel ha desaparecido hace mucho.
Por lo que aquí no hay temor a la traición,
    Tu Trabajo, Tu Voluntad está ya asegurado.
Deja que Tu Hereje salvaje Te diga ahora,
    con total y completa certeza:
"El mal Poeta de Tu hijo no hará nada
    Si no servir a Tu Trabajo
En cualquier forma que Tú lo desees".
    Por tanto colócalo al frente
o escondido en el rincón,
    no es una preocupación real para lee.
Siempre y cuando Tu Trabajo se beneficie,
    este corazón saltará con regocijo
y estos ojos se nublarán con lágrimas de amor,
    agradecimiento y asombro.
Y nunca Tu Nombre estará distante
    sino haciendo eco en cada célula del cuerpo de Tu hijo,
en cada pensamiento de su mente
    y cantado dichosamente con su voz temblorosa.
–*DDM*, 30 de agosto de 1997

3. El esfuerzo necesario para poner atención

En el siguiente poema Lee narra un sueño que tuvo "la otra noche".
El sueño obviamente le impresionó fuertemente, ya que no sólo
escribió un poema sobre él, sino que también lo usó como tema de
una plática que dio a sus alumnos poco después del suceso. El poema
nos recuerda que tenemos que hacer un gran esfuerzo para mantener
la atención en Dios o, en este caso, en Yogui Ramsuratkumar. Aun
en el sueño, conforme se desviaba momentáneamente la atención de
Lee, debido a los hábitos de la mente-mono, él se desconectó de la
mano de Yogui Ramsuratkumar. Al aprender esta lección tan dolorosa, Lee sollozó de pena y corrió de nuevo en busca de su Maestro,

con la determinación de nunca volver a permitir que esa conexión fuese obstaculizada.

I dreamt of You the other night,
* we were walking together*
and You held my hand quite tenderly.
* We were lovers, lost in the joy of each other.*
Then this monkey-mind, up to its old bad habits,
* became distracted by some insignificant*
* complaint.*
But soon my attention
* was ripped away from this diversion*
to realize that our hands had come apart
* and You had gone on about Your Father's other*
* business*
without me, and leaving me to discover
* this most painful lesson.*
My heart cried out in sorrow
* and my feet sped up to find You again.*
How lucky Your son is,
* oh Madman Yogi Ramsuratkumar,*
for this was only a dream,
* but a most important one indeed.*
You have consumed this bad Poet completely
* and his actions are all but affects of You.*
Even so, You have in Your Compassion
* allowed lee to love You as Father*
and to blossom as Your son,
* Your servant, and Your devotee.*
You have not separate from lee
* who by Your grace knows this,*
even though in Your Loving Play
* You may appear to be.*
lee wants to hold Your hand
* and to feel Your Blessed touch*
as long as You will permit this lila,
* for lee is Your own bad Poet and You are his Joy.*
I cannot pretend separation from You anymore
* although it may be acted out for various reasons.*

The wonder of this relationship,
  in spite of the illusion of You and I apart,
is precious to this arrogant Food
  and nectar to these mortal senses.
My attention will not drift from You Father –
You have warned me in Dream.
I will not allow the phenomenal reverie
  that sparkles before this weak mind
to take me from Your eternal grasp
  for even a fraction of an instant,
Even though it is Your Hand
  holding Your own hand in a different form,
I will enjoy this play
  with surrender and bliss.
–DDM, July 7, 1995

Soñé Contigo la otra noche,
  caminábamos juntos
y Tú sostenías mi mano muy tiernamente.
  Éramos amantes, perdidos en la dicha mutua.
Entonces esta mente-mono, dedicada a sus malos hábitos,
  se distrajo con un insignificante
  reclamo.
Pero pronto mi atención
  fue arrancada de esta distracción
para darse cuenta de que nuestras manos se habían separado
  y que Tú te habías ido a atender otros
  asuntos de Tu Padre
sin mí, y dejándome descubrir
  esta muy dolorosa lección.
Mi corazón sollozó de pena
  y mis pies se apresuraron a buscarte de nuevo.
Qué afortunado es Tu hijo,
  oh Loco Yogui Ramsuratkumar,
porque esto fue sólo un sueño,
  pero uno en verdad muy importante.
Tú has consumido completamente a este mal Poeta
  y sus acciones no son más que efectos de Ti.
Aun así, en Tu Compasión

has permitido a lee amarte a Ti como Padre
y florecer como Tu hijo,
  Tu sirviente, y Tu devoto.
No estás separado de lee
  quien por Tu gracia sabe esto,
aun cuando en Tu Juego Amoroso
  podría parecer así.
lee desea sostener Tu mano
  y sentir Tu toque Divino
siempre y cuando Tú permitas este lila,[6]
  porque lee es Tu propio mal Poeta y Tú eres su Dicha.
Ya no puedo más fingir separación de Ti
  aunque pueda aparentarse por diversas razones.
La maravilla de esta relación,
  a pesar de la ilusión de estar Tú y Yo aparte,
es preciosa para este Bufón arrogante
  y néctar para estos sentidos mortales.
Mi atención no se distanciará de Ti, Padre-
  Tú me lo has advertido en Sueño.
No permitiré que el ensueño fenoménico
  que centellea ante esta mente débil
me aleje de Tu eterno abrazo
  ni siquiera durante la fracción de un instante.
Aunque sea Tu Mano
  sosteniendo Tu propia mano de diferente forma,
disfrutaré este juego
  con entrega y éxtasis.
-DDM, 7 de julio de 1995

❊ ❊ ❊

*Una vez más, haciendo eco del mismo tema, Lee lamenta que su mente se
distraiga tan fácilmente. Más adelante demuestra que suplicar la ayuda de
Yogui Ramsuratkumar para dirigir la mente también puede ser una forma
dinámica de alabanza:*

---

6. Lila: palabra hindú que significa juego divino. Es un concepto importante en la enseñanza de
Lee Lozowick [N. del T.].

Oh Father,
   Yogi Ramsuratkumar,
You are consuming Your son,
   this arrogant Fool.
You are lee's heart, his muscles,
   You are his blood, his bones,
but still this bad Poet fights
   in his monkey mind.
When lee thinks of You
   the mind melts at Your Feet,
but then so quickly jumps
   to some useless distraction.
Ask Your Father in Heaven
   to Bless Your unworthy son
that lee's mind may rest
   only on You, only with You,
to be totally consumed,
   no separation at all.
This is the prayer
   of the son of Yogi Ramsuratkumar.
-DDM, Oct. 1993

Oh, Padre,
   Yogui Ramsuratkumar,
Estás consumiendo a Tu hijo,
   este Bufón arrogante.
Tú eres el corazón de lee, sus músculos,
   Tú eres su sangre, sus huesos,
y aun así este mal Poeta lucha
   en su mente-mono.
Cuando lee piensa en Ti
   la mente se derrite a Tus Pies,
pero luego salta con rapidez
   hacia alguna distracción inútil.
Pídele a Tu Padre en el Cielo
   que Bendiga a Tu hijo indigno
que la mente de lee descanse
   sólo en Ti, sólo Contigo,
para ser totalmente consumida,

sin separación alguna.
Ésta es la oración
del hijo de Yogui Ramsuratkumar.
-*DDM, oct. 1993*

4. Una mente serena no es la experiencia cotidiana de Lee

El poeta declara de plano que se asombra al escuchar a otros hablar tan fácilmente de estar en un lugar de pura paz, serenidad o "no mente". Él se sorprende y reflexiona que ésta *no* es su experiencia diaria. Aun así, dice, estos estados de paz y de mente vacía *están disponibles* para él. De hecho, percibe vislumbres de estos estados y se arremolinan a su alrededor, como nubes en un día de viento, para que pueda hablar sobre ellas con aquellos que preguntan. Más aún, aquellos con quienes habla parecen encontrar sus respuestas tanto profundas como útiles. Lee atribuye todo esto al trabajo de Yogui Ramsuratkumar quien, dice, lo ha absorbido de manera tan completa que el discurso de Lee es realmente el reflejo del discurso del Divino Pordiosero que pasa a través suyo. Al usar la frase: "Conforme lee se hace cada vez más irrelevante a sí mismo", él da una poderosa enseñanza sobre su relación con su mente y emociones.

I hear so many teachers
   refer to themselves
in most amazing ways:
   "I am always happy," or
"I have no mind, all is perfect stillness," or
   "I know God and I am at peace."
And on and on and on.
   This is awesome to Your son
for he knows no such things.
   Joy, love, peace of mind, serenity,
Faith, surrender, purity?
   Worthy qualities all, but
not my experiences (except
   perhaps for a rare moment here or there).
And yet all of these things
   become manifest in the most excellent
ways, swirling like clouds in the wind,

all around this arrogant Fool.
And when lee talks,
    does it seem he knows these things?
Why, yes most certainly.
    Seekers are inspired, and
absolutely sure they have
    just hear truth.
This is a successful ministry
    but it is not thanks to me.
It is all You, of course.
    As lee becomes more irrelevant to himself
(Ah, a severe blow to arrogance!),
    You, Your Wisdom, Your Profound
and sacred Qualities can blossom
    here in the flower bed
of Yours son's fertile hear.
    I don't even know that,
a receptive heart,
    except by inference
for You could not be so Present,
    could not flow so unrestrainedly,
were that not the case.
    Is it not so?
When Your child wonders, Dear Father,
    in that small bit of lee that remains,
Whether You will give him these things,
    Peace, love, joy, Faith and surrender,
and so on, he laughs
    in the face of such madness
and says, "No, do not give me those things,
    but take away any remnants of me
and leave only You."
Only You, Lord Yogi Ramsuratkumar. Only
    You.   .
Your own forehead (appearing as lee's)
    deeply pranaming in the dust to You,
touching one of those rare moments
of love and Peace, all Praise to Your Blessings.
-DDM, March 6, 1998

Escucho a tantos maestros
    referirse a sí mismos
de maneras muy asombrosas:
    "Soy siempre feliz", o
"No tengo mente, todo es quietud perfecta", o
    "Conozco a Dios y estoy en paz".
Y así sucesivamente, interminablemente.
    Esto es sorprendente para Tu hijo
porque no conoce semejantes cosas.
    ¿Dicha, amor, paz mental, serenidad,
Fe, entrega, pureza?
    Valiosas cualidades todas, pero
no mis experiencias (excepto
    quizá por un raro momento aquí o allá).
Y aun así todas estas cosas
    se manifiestan en las más excelentes
formas, arremolinándose como nubes en el viento,
    alrededor de este Bufón arrogante.
Y cuando lee habla,
    ¿parece que conoce estas cosas?
Pues, sí, ciertamente.
    Los buscadores están inspirados y
Están absolutamente seguros de que acaban
    de escuchar la verdad.
Éste es un ministerio exitoso
    pero no es gracias a mí.
Es todo Tú, por supuesto.
    Conforme lee se hace cada vez más irrelevante a sí mismo
(¡Ah, un golpe severo a la arrogancia!),
    Tú, Tu Sabiduría, Tus Profundas
y sagradas Cualidades pueden florecer
    aquí en la jardinera
del corazón fértil de Tu hijo.
    Ni siquiera sé eso,
un corazón receptivo,
    excepto por deducción
ya que Tú no podrías estar tan Presente,
    no podrías fluir tan libremente,
si esto no fuera el caso.

¿No es así?
Cuando Tu hijo se pregunta, Querido Padre,
   dentro de esa pequeña parte de lee que permanece,
si Tú le dieras estas cosas,
   Paz, amor, dicha, Fe y entrega,
y lo demás, él se ríe
   en la cara de dicha locura
y dice: "No, no me des esas cosas,
   más bien llévate lo que queda de mí
y quédate sólo Tú".
   Sólo Tú, Señor Yogui Ramsuratkumar. Sólo
   Tú.
Tu propia frente (que aparenta ser la de lee)
   Haciendo un profundo pranam en el polvo a Ti,
tocando uno de esos raros momentos
   de Amor y Paz, toda Alabanza a Tus Bendiciones.
-DDM, 6 de marzo de 1998

◼ ◼ ◼

En una vena similar, lee pide locura por encima de la paz mental:

Oh, Father,
   Yogi Ramsuratkumar,
it is madness itself
   to ask for this Madness of Yours.
If Your son
   was not such an arrogant Fool
he would ask for something sane
   like success or peace of mind or health,
but lee is the son
   of Your Father, after all.
So as You asked
   of his Father and received,
Your son asks of You:
   Madness for this bad Poet.
-DDM. Oct. 1993

Oh, Padre,
    Yogui Ramsuratkumar,
es en sí una locura
    pedirte esta Locura Tuya.
Si Tu hijo
    no fuera un Bufón tan arrogante
pediría algo sano
    como el éxito o la paz mental o la salud,
pero lee es el hijo
    de Tu Padre, después de todo.
Y así como Tú le pediste
    a su Padre y recibiste,
Tu hijo te pide a Ti:
    Locura para este mal Poeta.
–DDM, oct. 1993

5. Impasible - Un acercamiento relajado

Como alumna y devota de Lee, me enfrento constantemente a la dicotomía de actuar como si tuviera que disciplinar algo en la existencia, como una mente tranquila y unas emociones equilibradas, cuando la realidad que encarnan Lee y Yogui Ramsuratkumar es que *sólo Dios es*. Qué ridículos rituales de obsesión manifiesto cuando no permito que esta enseñanza penetre en la médula de mi ser. En lugar de eso, a menudo, me encuentro marchando alrededor de la habitación como un buen soldadito, haciendo alguna práctica, mientras el Señor del Cielo está estirado en mi diván, mirándome ir y venir, y esperando pacientemente.

What to do, what to do, oh Light?
Persist, dig deeper, try harder
    and above all, relax, and let You do Your Work
on us and in us, above, below, beyond
    and around us, to let You have Your Way
to allow our hearts to melt with love,
    and more crucially, to allow our crystallized
mechanicality to soften and meld, to meld
    itself to Your Instruction and Your Word...
–GAV, February 5, 2003

... ¿Qué hacer, qué hacer, oh Luz?
Persistir, cavar más hondo, intentar con mayor fuerza
   y, sobre todo, relajar y permitirte hacer Tu Trabajo
con nosotros y dentro de nosotros, arriba, abajo, más allá
   y alrededor nuestro, para dejarte hacer a Tu manera
y permitir que nuestros corazones se derritan en amor,
   y todavía más crucial, permitir que nuestra cristalizada
mecanicidad se suavice y derrita, se derrite
   a sí misma en Tu Instrucción y Tu Palabra...
–GAV, 5 de febrero de 2003

6. ¿Todavía necesitas Trabajo? ¡No hay problema!

En este poema, escrito en diciembre de 2002, Lee confiesa que, mientras su corazón y cuerpo siempre responden de inmediato al llamado Divino en la persona de su Maestro, Yogui Ramsuratkumar, su mente todavía necesita trabajo para ponerse "en orden".

Al especificar lo que quiere decir por "orden", aclara que, a pesar de que nunca discute con Yogui Ramsuratkumar, su "mente-perro-mono" todavía exhibe "ignorancia e infantilismo" en lo que se refiere a los demás en el mundo. Lee confiesa que todavía le es difícil asumir que todas las formas son completamente uno con ese Uno.

Aquí, como en cada poesía, Lee despliega su confesión sin implicar ninguna auto-aversión. Más bien, se refiere a este "problema" de la mente como nada más que un "reclamo insignificante", una circunstancia más para percibir y hacer referencia a su Padre; una excusa más para la alabanza. Él aborda este "reclamo" por una sola razón: quiere orden en el interior de su mente para poder servir a "Ti", a Yogui Ramsuratkumar.

You call, lee's heart and body answer,
   without hesitation and question.
But the mind? Well Father, that could still use
   a few solid slaps on the back
by Your well-trained, accurate and Divine Hand.
   The mind, which never ever argues
with You, with You as Yogi Ramsuratkumar,
   still kicks up some dust now and then
in relationship to others or to the world

in general, misunderstanding its ignorance
and childishness that those very others
and that very world in general is You.
Yes, is You absolutely and fully.
So You have obedience because it is
the heart and the body which move
instantly and effectively in response to Your call,
and this, lee lozowick, Your little beggar,
little sinner, little madman and little little,
beggarly, sinful and mad, asks You to get this mind
in order so he can serve You
with that too, as well as with the body and heart.
Yes, get this dog-donkey mind in order
so it can give every ounce of energy
to the other which is You as well
as to the You which is You, which it does
with great ease, flair and devotion.
Okay Father, Yogi Ramsuratkumar,
this is lee lozowick, grateful
in spite of his petty complaints,
and ever Faithful in spite of this
ridiculous mind of mentality, prostrate
at Your sweet and Holy Feet
and covering his head with the dust
of Your footsteps, cranky and full of You.
-GAV, 28 December 2002

Tú llamas, el corazón y el cuerpo de lee responden,
    sin vacilar ni cuestionar.
¿Pero, la mente? Bueno, Padre, eso podría requerir
    unas cuantas buenas bofetadas en la espalda
de parte de Tu bien entrenada, precisa y Divina Mano.
    La mente, que nunca discute
Contigo, Contigo como Yogui Ramsuratkumar,
    todavía se alborota de vez en cuando
en relación con los otros o con el mundo
    en general, malinterpretando en su ignorancia
e infantilismo que esos mismos otros
    y el mundo mismo en general es Tú.

Sí, es Tú, absoluta y plenamente.
    Por lo que Tú recibes obediencia ya que son
el corazón y el cuerpo los que se movilizan
    instantánea y efectivamente en respuesta a Tu llamado,
y éste, lee lozowick, Tu pequeño pordiosero,
    pequeño pecador, pequeño loco y pequeño pequeño,
miserable, pecaminoso y loco te pide a Ti que pongas esta mente
    en orden para poderte servir
también con eso, así como con el cuerpo y el corazón.
    Sí, pon a esta mente-perro-burro en orden
para que pueda dar cada onza de energía
    al otro el cual también eres Tú
así como al Tú que eres Tú, lo que hace
    con gran facilidad, habilidad y devoción.
Está bien Padre, Yogui Ramsuratkumar,
    éste es lee lozowick, agradecido
a pesar de sus insignificantes reclamos,
    y siempre Leal a pesar de esta
ridícula mentalidad de la mente, postrado
    ante Tus dulces y Santos Pies
y cubriendo su cabeza con el polvo
    de Tus huellas, quejumbroso y pleno de Ti.
—GAV, 28 de diciembre de 2002

7. La "Culpa" de Yogui Ramsuratkumar

Aquí, en la tradicional forma poética hindú de *nitya stuti* –alabanza
irónica– lee lamenta la condición de su mente y pide misericordia al
"sucio Pordiosero" quien le "tortura", y aparentemente no le concede
a su devoto la absorción completa que Lee busca.

Oh Father of great patience,
    Yogi Ramsuratkumar,
Your son, who knows
    that You are all,
appeals to Your sense
    of Justice and Compassion.
This is the dilemma
    I place at Your Feet:

In morning meditation
    I think of sleep, or food,
and during the day
    I dream of all manner of things.
Oh dirty Beggar,
    controller of the Universe,
why do You torture Your son
    with thoughts other than You?
Why do You allow him to consider such mundane affairs?
I know You can turn this errant mind
    to You and only You.
Well do it and be quick about it!
lee grows weary
with even the smallest of
    separations from You.
-DDM, August 13, 1994

Oh, Padre de gran paciencia,
    Yogui Ramsuratkumar,
Tu hijo, quien sabe
    que Tú lo eres todo,
apela a Tu sentido
    de Justicia y Compasión.
Éste es el dilema
    que pongo a Tus Pies:
En la meditación matutina
    pienso en el dormir, en la comida,
y durante el día
    sueño toda clase de cosas.
Oh, sucio Pordiosero,
    controlador del Universo,
¿por qué torturas a Tu hijo
    con pensamientos que no son Tú?
¿Por qué le permites considerar
    tales asuntos mundanos?
Sé que Tú puedes volver esta mente errante
    hacia Ti y sólo hacia Ti.
¡así que hazlo y hazlo pronto!
    lee se cansa

incluso con la más mínima
   separación de Ti.
-DDM, 13 de agosto de 1994

8. *¿Está Yogui Ramsuratkumar "Pensando" a través de Lee?*

You know Father,
   I don't think much about the future.
There is so much to do now:
   so much suffering, so many who truly need Your
Blessings.
I am quite busy enough
   with all the Work You have given.
There is certainly no time
   to indulge idle thoughts,
though once this was
   Your son's favorite pastime.
But every now and then
   a small moth of a thought
flutters almost imperceptibly
   into this silly Fool's monkey mind:
will You still consume me with Love
   whenever I think of You
and whenever I don't,
   as long as the Universe exists?
I will always be Your son,
   for that is written by Your Father in Heaven.
Will You always welcome me home
   as You have done so generously before?
Pardon Your greedy and selfish son Father,
   but You have wounded my heart You see.
I only think these things
   when You allow them.
Or is it You who thinks these things
   through the medium of Your son's eager mind?
-DDM, March 31, 1995

Sabes Padre,
   no pienso mucho en el futuro.

Hay tanto que hacer ahora:
tanto sufrimiento, tantos que verdaderamente necesitan Tus
Bendiciones.
Estoy suficientemente ocupado
con todo el Trabajo que has dado.
Ciertamente no hay tiempo
para permitir pensamientos ociosos,
aunque antaño éste era
el pasatiempo favorito de Tu hijo.
Pero de vez en cuando
una pequeña polilla de pensamiento
revolotea de manera casi imperceptible
en la mente mono de este Bufón:
¿Seguirás consumiéndome con Amor
cuando piense en Ti
y cuando no lo haga,
mientras exista el Universo?
Siempre seré Tu hijo,
porque eso está escrito por Tu Padre en el Cielo.
¿Tú me darás siempre la bienvenida a casa
como generosamente has hecho antes?
Perdona a Tu hijo codicioso y egoísta, Padre,
pero, verás, Tú has herido mi corazón.
Sólo pienso estas cosas
cuando Tú lo permites.
¿O eres Tú quien piensa estas cosas
a través de la anhelante mente de Tu hijo?
- DDM, 31 de marzo de 1995

9. *Aquellos que aman al Señor son consumidos en cuerpo y mente.*

Oh great devouring Majesty,
  Yogi Ramsuratkumar,
Your Father has taught You well.
  You are a Master of Your craft.
And what is it
  that You are so accomplished at?
You consume the minds and hearts
  of those who love You,

leaving not even one crumb
  remaining, believing itself separate.
Your son is gone Father,
  no one left, no lee.
You have turned him into
  a bad Poet and Renegade.
The selfish man-boy
  desiring Your Praise is no more.
You have eaten and digested him
  leaving only You.
Yes, Your Father has taught You well.
  Will you pass on these lessons
to Your Faithful son,
  so he may in turn leave no one
amongst his many companions?
  Only You, only You, Father.
-DDM, Apri 29, 1996

Oh, gran Majestad devoradora,
  Yogui Ramsuratkumar,
Tu Padre te ha enseñado muy bien.
  Eres Maestro de Tu arte.
¿Y en qué
  eres tan adepto?
Tú consumes las mentes y los corazones
  de aquellos que te aman,
dejando que ni siquiera una miga
  permanezca, que se crea a sí misma separada.
Tu hijo se ha ido, Padre,
  no queda nadie, no lee.
Tú lo has convertido en un
  mal Poeta y en un Renegado.
El niño-hombre egoísta
  que desea Tu Alabanza, ya no existe.
Tú lo has ingerido y digerido
  quedando sólo Tú.
Sí, Tu Padre te ha enseñado bien.
  ¿Tú le transmitirás estas lecciones
a tu hijo Fiel,

para que él a su vez no abandone a nadie
entre sus muchos compañeros?
Sólo Tú, sólo Tú, Padre.
-DDM, 29 de abril de 1996

Lee está completamente consumido por Yogui Ramsuratkumar:

I write You these Poems,
Father Yogi Ramsuratkumar,
but the question is: Who is this
I who so shamelessly claims
to be Your true heart-son,
Your wild Heretic, and the pole
of Your Teaching and Work
in the Western world?
This I is no-I.
Yes, that is who I is: No-I.
The little sinner says the word, I,
but he is under no presumption
that he is anyone or anything specific.
There is no identification
with this I as I, while there is
the knowledge, all the result
of Your Blessings, of this I
as no-I, empty of all but You.
And since You are no-one
and nothing but Father in Heaven,
well, we will leave the implications
for those who love philosophy and debate.
In any event, Father of Mercy, I
just wanted to assure You
that Your lee lozowick, Your I,
in this case was only no-I.
No-I throws himself, itself, in Your Path,
not separate from that upon which You tread.
-GAV, 3 November 1999

Te escribo estos Poemas,
Padre, Yogui Ramsuratkumar,

pero la pregunta es: ¿Quién es este
  yo que tan descaradamente proclama
ser Tu verdadero hijo-del-corazón,
  Tu Hereje salvaje, y el polo
de Tu Enseñanza y Trabajo
  en el mundo occidental?
Este yo es no-yo.
  Sí, esto es quien yo es: No-yo.
El pequeño pecador dice la palabra, yo,
  pero no asume
ser alguien o algo específico.
  No hay identificación
con este yo como yo, mientras si hay
  el conocimiento, todo el resultado
de Tus Bendiciones, de este yo
  como no-yo, vacío de todo menos de Ti.
Y debido a que Tú eres nadie
  y nada sino el Padre en el Cielo,
pues, dejaremos las implicaciones
  para aquellos que aman la filosofía y el debate.
En todo caso, Padre de Misericordia, yo
  sólo quería asegurarte
que Tu lee lozowick, Tu yo,
  en este caso era sólo no-yo.
No-yo se lanza él mismo, sí mismo, en Tu Camino,
  no separado del camino que Tú pisas.
–GAV, 3 de noviembre de 1999

⁂

Pueda aquel que lea estas palabras ser liberado, cuando menos en un pequeño grado, del sufrimiento creado por su identificación con la mente y las emociones. Porque, como dijo Lee en 1997: "Existe sólo un problema: la falta de voluntad para confrontar, de manera radical, la necesidad de acabar con todas las identificaciones".

APÉNDICE

Lee Lozowick "tal cual Él es"

El pasaje que comprende este Apéndice está tomado del diario más reciente de Lee, titulado *The Little Book of Lies and Other Myths* [El pequeño libro de mentiras y otros mitos], y firmado "por Lee Lozowick, mentiroso y creador de mitos" (Hohm Press, 2005). Este pasaje está incluido aquí para ofrecer a los lectores el sabor de Lee Lozowick "sin editar". Él mismo escribió esto, y no permitió que nadie editara nada, ni siquiera una coma. No permitió cambios de ortografía, gramática o de uso de mayúsculas. Tenía sus propias razones en publicar, sin censura, la versión directa de su mente, de su corazón, de su escandaloso sentido del humor y de su sabiduría integrada, de una manera que trascendiera la necesidad de corrección política o gramatical.

Como editora de Lee para este libro, *Abundancia o miseria*, trabajé a partir de sus transcripciones habladas. Fue por tanto mi decisión determinar dónde agregar puntuación a sus frases, qué eliminar y dónde, y qué agrupar bajo las diferentes áreas temáticas. En todo el material utilicé ortografía, mayúsculas y puntuación estándar.

A pesar de que intenté ofrecer a los lectores el sabor y el humor de las presentaciones verbales de Lee, ciertamente mis propias tendencias editoriales dieron forma al producto final. Fue casi inevitable que esto ocurriera, lo cual crea una responsabilidad en cierta manera terrorífica para un editor que trabaja con los testimonios espirituales de su Maestro.

Al mismo tiempo, él eligió usarme como su amanuense en este proyecto y, por ello, sólo resta sentirme agradecida.

Ya que el siguiente texto es relativo a la mente debería se útil y disfrutable para los lectores de este libro. Los invitamos a leer más de la obra de Lee, sin edición, acudiendo a sus otros diarios.

Volumen I. *Eccentricities, Idiosyncracies And Sacred Utterances From a Contemporary Western Baul.* [Excentricidades, idiosincrasias y expresiones sagradas de un baul occidental contemporáneo]. (Hohm Press, 1990).

Volumen II. *In the Style of Eccentricities, Idiosyncracies And Sacred Utterances From a Contemporary Western Baul.* [En el estilo de excentricidades, idiosincrasias y expresiones sagradas de un baul occidental contemporáneo]. (Hohm Press, 1992).

Volumen III. *In The Mood Of "In The Style Of Eccentricities, Idiosyncrasies And Sacred Utterances From A Contemporary Western Baul"* [En el estado de ánimo de "en el estilo de excentricidades, idiosincrasias y expresiones sagradas de un baul occidental contemporáneo"]. (Hohm Press, 1994).

Volumen IV. *Cranky Rants and Bitter Wisdom from One Considered Wise in Some Quarters* [Discurso indignado y sabiduría amarga, de alguien considerado sabio en algunos lados]. (Hohm Press, 2002).

Volumen V. *The Little Book of Lies and Other Myths* [El pequeño libro de mentiras y otros mitos]. (Hohm Press, 2005).

En 1993, después de que Lee había escrito dos de los cinco diarios, viajé yo con el grupo que lo acompañó a Europa. Una noche yo era la encargada de vender los libros y me acerqué a Lee con una pregunta. Mucha gente, al llegar a la mesa de libros me había preguntado: "¿Cuál es el mejor libro?" o "¿Qué libro debo leer primero?". Cuando le comenté esto a Lee, señaló la pila de libros en un lado de la mesa, diciendo: "Diles que todos éstos tratan *sobre* la Enseñanza". Luego señaló los dos diarios específicamente: "Diles que éstos *son* la Enseñanza".

✻ ✻ ✻

5 de julio de 2005

Esta mañana me desperté con otra frase intrigante, no para el camino en sí, pero definitivamente útil para una faceta de la práctica: "mosquitos de la mente". Sabes, esos pequeños pensamientos molestos, zumbadores (a menudo portadores de paludismo) que te siguen irritando con su constante presencia, como: "Ah, la forma en la que me miró...", y "fue el tono de voz que ella siempre usa el que...", o "eso fue tan manipulador (cruel, agresivo, feo, hiriente, vengativo, predecible, estéril, arrogante, inútil, indigno, poco elegante, con mala intención, etcétera, etcétera...)...". Sí, ésas no tan sutiles pequeñas flechas de veneno que te alejan de la gente (y cosas: "Esa película fue igual a todas las demás películas...", o "la comida hindú es siempre...", y "mmm, la gente que se viste de esa manera...") y comprometen cualquier objetividad que pudieras tener. Y siempre están allí sin importar la estación, qué lástima que no mueran en invierno. Supongo que si quisiéramos seguir adelante con esto, también podríamos hablar de los "fantasmas de la mente" que son los pensamientos que también están siempre presentes, pero los invisibles, aquellos que yacen debajo del horizonte de la consciencia, aquellos que afectan e intoxican todo de manera perversa, que definen nuestra visión del mundo cínica, o superior, o violenta, o de autocondena, o sarcástica o lo que sea, los pensamientos y motivos subyacentes que nos mueven, que definen nuestra visión tácita seperativa de nuestras vidas y circunstancias, que nos mantienen aislados, apartados y muy dentro de la ilusión; que son los que siguen, como mecanismo de relojería, manteniéndonos crónica y absolutamente prediciblemente mecánicos. Y luego están los "ratones de la mente", los pensamientos que roen todo intento por parte de la inspiración por ser diferentes, por practicar, por cambiar nuestro comportamiento neurótico, el "no tienes que practicar porque ya todo es perfecto, justo como es", y "nunca nada funciona para mí, trato y trato y todo es tan inútil", o "por qué siquiera molestarse en hacer un esfuerzo en algo, si de todos modos van a tirar una bomba y destruir todo", pensamientos que nos mantienen en su poder (tienen mucho, más que los seres humanos). Sí, cuídate de esos "ratones-de-la-mente", dejan bolitas de mierda por todos lados, llenas de bacterias y si no curas los resultados de su existencia, de todas estas, pestes, los efectos pueden ser bastante malos, infección, fiebre, mal-estar, todo tipo de desgracias. Por tanto, mantén la guardia cuando los mosquitos-de-la-mente zumban, mátalos de inmediato (o si eres lo suficientemente consciente, déjalos chupar tanta sangre como para que estallen, matándose a sí mismos –sí– funciona) y destierra los fantasmas-de-la-mente, libéralos de sus reinos-fantasma, y déjalos partir y atrapa a los ratones-de-la-mente y mátalos (también es efectivo el uso de ciertos olores para mantenerlos alejados, por lo menos usualmente porque una vez tuvimos una plaga de zorrillos en nuestro Ashram y alguien dijo que si conseguíamos heces de león, es decir mierda, y las poníamos todo alrededor, las "vibras de león" definitivamente espantarían a los zorrillos así que nosotros, tal como lo dispuso la suerte, tenemos un zoo a unos pocos minutos, el cual zoo, como lo dispuso todavía más la suerte, tiene leones, los cuales leones, tal como lo dispuso la naturaleza, cagan regularmente para la tranquilidad de los cuidadores del zoo, los cuales cuidadores de zoo mismos estaban felizmente dispuestos a darnos, la cual mierda, además, extendimos generosamente alrededor de los dominios de los zorrillos, los cuales zorrillos ignoraron por completo la mierda y siguieron adelante con sus asuntos como si supieran perfectamente bien que habíamos tratado de engañarlos y que ahí no había leones reales ni vivos en ningún lugar remotamente cercano (excepto encerrados detrás de barras y que de todas formas muy improbablemente cazarían o comerían zorrillos, los cuales zorrillos lo más seguro no huelan como las gacelas y los ñus, cuyo conocimiento de dichos zorrillos, por cierto, no les crea para nada odio contra sí mismos ni debilita su auto-confianza en su psicología, de hecho tienden a ser extremadamente pretenciosos). ¿Y cuál es tu animal interno?

Acerca del autor

Lee Lozowick (1943-2010) ha sido un maestro espiritual esta-dounidense que desde 1975 ha enseñado a miles de personas en su país, en Europa, Canadá, México y la India. Es el hijo espiritual de Yogui Ramsuratkumar, conocido como el Godchild de Tiruvannama-lai, cuya vida y enseñanza Lee ha promovido por el mundo.

Lee ha sido también poeta, autor de letras de canciones, artista de blues y autor de veinte libros, entre los cuales están: *Abundancia o miseria*, Hara Press, 2009, *La alquimia de la transformación*, Colección de los Caballeros del Grial, 1996 y *The Alchemy of Love and Sex* [La al-quimia del amor y del sexo]. Muchos de sus libros han sido traducidos y publicados en Francia, Alemania, España, México y Brasil.

Lee se consideraba un "Baul occidental", en conexión con és-tos músicos itinerantes tántricos del Bengal en la India. Sus poesías y las letras de sus canciones rock y blues estaban impregnadas del misticismo bhakti (devocional), y celebran su relación con su maes-tro, Yogui Ramsuratkumar. Sus enseñanzas estan focalizadas en la au-to-observación, la importancia de la práctica espiritual en la vida de familia y en las relaciones humanas. Suyas son las letras y la voz de la banda de blues SHRI (www.shriblues.com).

Dirección para más informaciones:
Hohm Press
P.O.Box 2501
Prescott, Arizona, 86302
USA